W0063568

DREI DEUTSCHE DOME

QUEDLINBURG · MAGDEBURG · HALBERSTADT

HANS-JOACHIM MRUSEK

DREI DEUTSCHE DOME

BILDER VON
KLAUS G. BEYER

HIRMER VERLAG MÜNCHEN

CIP-Kurztitelaufnahme der Deutschen Bibliothek

Mrusek, Hans-Joachim:
Drei deutsche Dome: Quedlinburg, Magdeburg,
Halberstadt / Hans-Joachim Mrusek. Bilder von
Klaus G. Beyer. – Überarb. Aufl. von 1963. –
München: Hirmer, 1983.
   ISBN 3-7774-3510-4
   NE: Beyer, Klaus G.:

Lizenzausgabe für die Bundesrepublik Deutschland,
Berlin-West, Österreich und die Schweiz
Hirmer Verlag München

© VEB Verlag der Kunst Dresden 1983
Lizenz-Nummer 413-455/A 33/83. D 86/83
Gesamtherstellung Grafische Werke Zwickau
Grafische Gestaltung Anne Kaiser
Printed in the German Democratic Republic
ISBN 3-7774-3510-4

INHALT

EINLEITUNG   7

BISTÜMER UND DAMENSTIFTE

IN DER DEUTSCHEN REICHS- UND

TERRITORIALGESCHICHTE   9

DIE STIFTSKIRCHE ZU QUEDLINBURG   15

   Lage und Gestalt   15

   Baugeschichte   18

   Der Stiftsschatz   74

DER DOM ZU MAGDEBURG   75

   Vorgeschichte   75

   Der ottonische Dom   77

   Die gotische Kathedrale   78

   Kunstgeschichtliche Stellung   81

   Baugeschichte   82

   Bildwerke und Ausstattung   197

DER DOM ZU HALBERSTADT   201

   Entstehungsgeschichte   201

   Stadtherr und Bürgertum   203

   Die gotische Kathedrale   204

   Baugeschichte   205

   Bildwerke und Ausstattung   290

   Der Domschatz   292

ANMERKUNGEN   297

LITERATURVERZEICHNIS   304

EINLEITUNG

Die romanische Stiftskirche zu Quedlinburg, die gotischen Dome zu Magdeburg und Halberstadt sind künstlerisch überragende Bauwerke der Landschaft nördlich des Harzes. Mit der Fülle mittelalterlicher Kunstdenkmäler dieses Gebietes, das heute zu den bedeutendsten deutschen Kunstlandschaften zählt, vermag sich nur noch das traditionsreiche Rheinland zu messen. Seit alters durchzogen Heerstraßen und Missionswege die wellige und fruchtbare Landschaft, die im Süden vom waldreichen Harz, im Westen von der Weser und im Osten von der Elbe begrenzt wurde. An den Schnittpunkten ihrer alten Verkehrslinien erhoben sich Pfalzen und wehrhafte Burgen als wirtschaftspolitische und militärische Zentren, ebenso Klöster und andere geistliche Stifte. Seit dem 10. Jahrhundert entstanden Kaufmanns- und Handwerksiedlungen im Schutze dieser feudalen Mittelpunkte und entwickelten sich im Laufe des 11. und 12. Jahrhunderts zu mächtigen Städten. Die sächsischen Bischofssitze wurden zu geistlichen Metropolen, in denen Dome kraftvoll emporwuchsen. Mit den reichen und kostbaren liturgischen Ausstattungen repräsentieren sie die geistigen und handwerklichen Höchstleistungen ihrer Zeit. Diese Kunst, deren Formensprache wir als niedersächsisch bezeichnen, widerspiegelt die ökonomische und politische Kraft sowie die künstlerischen Fähigkeiten der Menschen dieser Landschaft. Sie und der Stammesverband der Sachsen waren Fundament und Träger bei der Herausbildung des frühfeudalen deutschen Staates unter ihrem Herzog Heinrich. Unter der Herrschaft seines Geschlechts – der sächsischen Könige und Kaiser, die von 919 bis 1024 regierten – war Sachsen ein Kerngebiet der Reichspolitik. Bereits unter Karl dem Großen war es dem Frankenreich bis an die Elbe-Saale-Linie trotz hartem Widerstand des sächsischen Stammes angefügt worden. Schon frühzeitig zeichnet sich die große wirtschaftspolitische Bedeutung der wichtigsten Siedlungen ab – es sind dies vor allem Quedlinburg, Magdeburg und Halberstadt –, deren Monumentalbauten heute noch zu den künstlerischen Höhepunkten unserer nationalen Kultur zählen.

Quedlinburg war wegen seiner Nähe zum wald- und wildreichen Harz neben den Pfalzen Merseburg und Magdeburg an der mittleren Elbe ein Lieblingssitz der sächsischen Herrscher. Nach dem Tode Heinrichs I. wurde die stark befestigte Königspfalz fürstliches Damenstift, ohne daß sie jedoch ihre ursprüngliche Aufgabe einbüßte. Die romanische Stiftskirche, die mit ihrer gehobenen Funktion manche als Dom bezeichnete Bischofskirche ihrer Zeit an politischer Bedeutung übertraf, macht besonders eindringlich die komplizierte Entwicklung und das Wesen romanischer Kunst in Sachsen deutlich.

Die mächtige gotische Kathedrale des ehemaligen Erzbistums Magdeburg und ihre verschiedenen Vorgängerbauten sind ebenfalls untrennbar mit der Entstehungsgeschichte des frühfeudalen deutschen Staates verbunden. Schon 806 wird Magdeburg als wichtiger fränkischer Militär- und Grenzhandelsplatz zusammen mit Bardowiek und Halle erwähnt. Danach wurde das karolingische Kastell sächsische Königspfalz, 937 hoch dotiertes Familienkloster der Ottonen und schließlich 968 Sitz eines Erzbischofs.

Halberstadt ist die älteste geistliche Metropole der sächsischen Kernlandschaft und blieb trotz der Gründung des Erzbistums Magdeburg im Jahre 968 unter der Obhut des Erzbistums Mainz bestehen. Der Halberstädter Dom wird aber nach dem Magdeburger behandelt, da er das jüngste der drei Bauwerke ist.

Dieses Buch will durch Text, Bildteil und Zeichnungen (Grundrisse, Schnitte und historische Ansichten), die einander ergänzen, nicht nur ästhetischen Genuß vermitteln, sondern Verständnis wekken für den Entwicklungsprozeß und die Bedingungen, unter denen die Bauten entstanden sind. Ein besonderes Anliegen ist es, das einzelne Bauwerk nicht für sich, sondern in seiner landschaftlichen Umgebung und in seinen historischen Zusammenhängen zu betrachten. Zum Verständnis des Wesens der Dome, deren Errichtung eine der Hauptbauaufgaben des Feudalismus war, soll es beitragen, daß die städtebauliche und stadtgeschichtliche Stellung und die liturgische Funktion der Bauwerke und ihrer Ausstattung berücksichtigt werden.

Die Dome sind hervorragende Zeugen dafür, wie sich der Mensch in den verschiedenen Perioden des Mittelalters, um seine geistigen Bedürfnisse zu befriedigen, mit neuerworbenen künstlerischen Fähigkeiten und Erkenntnissen anderer europäischer Kulturlandschaften, wie beispielsweise denen Oberitaliens oder Frankreichs, schöpferisch und unter Wahrung der eigenen Traditionen auseinandergesetzt hat. Das Buch kann nicht die Forschungsergebnisse und Probleme, die mit der Entstehung der Dome zusammenhängen, in ganzer Breite darstellen; ein ausführliches Literaturverzeichnis wird hier weiterhelfen. In Wort und Bild sind die den verschiedenen Bauwerken gemäßen Schwerpunkte besonders hervorgehoben worden: Bei der Stiftskirche zu Quedlinburg stehen die Eigentümlichkeiten der Romanik, insbesondere der von Oberitalien her beeinflußten Bauornamentik im Vordergrund der Betrachtungen, ebenfalls die Doppelfunktion von Pfalz und Stift. – Der Dom zu Magdeburg interessiert vor allem in seiner Eigenart als erster gotischer Großbau auf deutschem Boden. Den großartig geformten Ostteilen der erzbischöflichen Kathedrale mit Kapellenkranz und Bischofsgang sowie den Meisterleistungen spätromanischer Kapitellornamentik und den zahlreichen Bildwerken des 13. Jahrhunderts gilt hauptsächlich die kunstgeschichtliche Betrachtung. – Beim Dom zu Halberstadt liegt die Betonung auf der komplizierten Bauabfolge, der verschiedene Einflüsse – vor allem solche aus Frankreich, Süddeutschland und Böhmen – zugrunde liegen. Besondere Beachtung wird auch der ausgebildeten und konsequenten gotischen Konstruktion geschenkt sowie der reichen Ausstattung an Glasmalereien und

Bildwerken und vor allem dem berühmten Domschatz. Auf Zusammenhänge der Bauten untereinander wird immer wieder hingewiesen.

Im Vordergrund stehen bei den monographisch behandelten Bauwerken stets die langwierige Entwicklungsgeschichte, die Entstehungsursache, die fördernde Wirkung der Triebkräfte und auch die entwicklungshemmenden Faktoren. Der Leser, der das Werden und Wachsen an den Mauern, Raumformen, Türmen und Bildwerken der sich hoch aufreckenden Bauwerke sowie der berühmten Ausstattungen verfolgt, erlebt damit eine bedeutende Epoche mittelalterlichen Kunstschaffens nach.

Daß die Bauwerke so umfassend in diesem Buch dargestellt werden können, ist nicht zuletzt ihrer denkmalpflegerischen Sicherung nach den Zerstörungen im zweiten Weltkrieg zu danken. Die Dome zu Magdeburg und vor allem zu Halberstadt, die am schwersten beschädigt waren, sind mit einem hohen Aufwand an Material und finanziellen Mitteln von der Regierung der Deutschen Demokratischen Republik wiederhergestellt worden.[1] Einer langwierigen Restaurierung unterzogen wurde auch die Stiftskirche zu Quedlinburg, ebenso der neuaufgestellte Quedlinburger Stiftsschatz und der Halberstädter Domschatz.

BISTÜMER UND DAMENSTIFTE IN DER DEUTSCHEN REICHS- UND TERRITORIALGESCHICHTE

Das Massiv des Harzes, das im feudalen Mittelalter nicht nur wegen seines Wald- und Wildreichtums, sondern auch wegen seiner Erzvorkommen, vor allem in den südlichen Randgebieten, von den herrschenden Gewalten geschätzt wurde, bildet geographisch eine Dominante innerhalb des sächsischen Stammlandes.[2] Vorher gehörte das Harzgebirge, soweit erschlossen, zum Thüringer Großreich, das etwa vom Main bis an die Ohre und Aller und etwa von der Werra bis an die Elbe reichte. Das Kerngebiet des thüringischen Königreiches, das anfangs wohl im erzreichen Mansfelder Land zu suchen ist, scheint sich im Laufe der Zeit in das westliche Saalegebiet zwischen Unstrut und Ilm verlagert zu haben. Ausgedehnt waren die politischen Beziehungen der Könige dieses ersten «Staates» im mittleren Deutschland; sie reichten bis zu den Langobarden, nach Mähren und Ungarn und bis nach Italien. Eheverbindungen des Königsgeschlechts mit dem des Ostgotenkönigs Theoderich des Großen gaben dem Thüringer Reich hohes politisches Ansehen, zogen es jedoch zugleich in eine Politik hinein, die gegen das aufstrebende Reich der fränkischen Merowinger gerichtet war. Bald nach dem Tode des mächtigen Ostgotenkönigs erfolgte der Gegenschlag und bereitete mit einer Schlacht an der Unstrut, wohl bei Burgscheidungen 531, dem Königreich der Thüringer ein Ende. Bei der Eroberung des Thüringerreiches konnten sich die Merowinger auf die militärische Hilfe der Sachsen stützen, die nun ihr Stammesgebiet über den Harz hinweg bis an die Unstrut und Helme erweiterten. Der «Sachsgraben» bei Wallhausen – wohl eine Grenzsicherung – erinnert noch an diese Zeit.

Der östlich der Saale gelegene, siedlungsärmere Teil wurde nun für die hier eindringenden slawischen Völker frei, so daß fortan der thüringische Stamm auf das Gebiet zwischen Thüringer Wald und Werra sowie Harz-Unstrut-Linie und oberer Saale eingeengt war. Ein wichtiges Ereignis im Zuge der systematischen Eingliederung Thüringens in das fränkische Großreich bildete 741 die Errichtung eines Bistums durch Bonifatius in der «urbs paganorum rusticorum» Erfurt. Mit diesem vom Erzbischof von Mainz bald wieder aufgehobenen Missionsbistum erhielt Thüringen in seiner Frühzeit einen zentralen Kern von weitreichender politischer, wirtschaftlicher und kultureller Bedeutung. Auch Erfurt wird ähnlich wie Magdeburg 805 als Handelsplatz für fränkische Kaufleute mit den Slawen urkundlich erwähnt. Die sich anbahnende Entwicklung des Landes zu einem selbständigen Herzogtum bricht mit dem Tod des letzten Herzogs der Thüringer ab, der 908 im Kampf gegen die Ungarn fiel.

Während die Bedeutung der Thüringer zurückgeht, sind es die Sachsen, die ihr Stammesgebiet und damit ihre politische Macht seit 531 zunehmend vergrößern. Wie die Eroberung der «Hochseeburg» (wohl Seeburg bei Eisleben) durch den Sohn Karl Martells im Jahre 743, der Zug Pippins durch Thüringen bis an die Oker oder die Gründung des Klosters Hersfeld (768) für die Missionierung der Gebiete zwischen Harz, Unstrut und Saale zeigen, treten die Franken der Machtergreifung der Sachsen in Ostfalen entschieden entgegen. Das alte Stammesgebiet Sachsen, gegliedert in Engern (Weser), Westfalen, Ostfalen und das Land der Nordliudi (zwischen Weser und Elbmündung), erstreckte sich bisher etwa zwischen Ruhr und Elbe und zwischen Harz und Nordsee. Nach häufigen Grenzkriegen in merowingischer Zeit und Teilerfolgen angelsächsischer Missionare – die Masse des Stammes verharrte jedoch bei den althergebrachten Lebensformen und bei dem alten Götterglauben – kam es 772 bis 804 unter Karl dem Großen schließlich zur gewaltsamen Eingliederung der Sachsen in das Frankenreich. Schwer waren die Feldzüge und zahlreichen Kämpfe, erbittert war der Widerstand der Sachsen, der nach dem Blutgericht von Verden an der Aller (782) noch einmal unter Herzog Widukind, einem Westfalen, zu einem Aufstand des gesamten Stammes aufflammte.[3]

Nach der Unterwerfung und Taufe 785 kam es indessen noch immer zu «Teilaufständen, Strafexpeditionen und Massenaussiedlungen», vor allem im nördlichen Stammesgebiet. Nun errichtete Kaiser Karl zwischen Rhein und Elbe Bistümer in Paderborn, Münster, Osnabrück sowie in Minden, Verden/Aller und Bremen; die Bistümer Hamburg, Hildesheim und Halberstadt wurden erst unter den

Nachfolgern Karls des Großen ins Leben gerufen. Überall entstanden befestigte Bischofssitze mit Domkirchen und anderen klerikalen Einrichtungen. – Durch seine geographische Lage im Stammesgebiet wurde vor allem Paderborn zu einem bevorzugten Zentrum des Frankenreiches. Hier konnte der Kaiser im Jahre 799 sogar den überraschenden Besuch von Papst Leo III. empfangen. Grabungen nach dem zweiten Weltkrieg haben den karolingischen Dom, den kaiserlichen Palas und Fundamente des Throns unter freiem Himmel sowie die später gebaute ottonische Bischofspfalz nachweisen können.[4]

Das Bistum Halberstadt, dessen Entwicklung uns besonders interessiert, geht auf eine von Karl dem Großen 780/81 in Seligenstadt (Osterwieck) gegründete Missionsstation zurück. Unter Ludwig dem Frommen wurde dann das Bistum Halberstadt gegründet. Sein Diözesangebiet reichte «von Aller und Ohre bis Merseburg und Zeitz, von der Elbe-Saale-Linie bis an das Unstrut-Helme-Wipper-Gebiet»; später kam noch die östliche Altmark hinzu. Reste der karolingischen Domkirche – und ihrer Vorgängerbauten – sowie der darauf folgenden ottonischen Kathedrale und der Befestigung der Domburg wurden durch Grabungen festgestellt.[5]

Es ist verständlich, daß der Halberstädter Bischof, Bernhard (923 bis 968) aus der Familie der Grafen von Hadmersleben, zum Hauptgegner der Gründung des Erzbistums Magdeburg durch Otto I. werden mußte; denn dadurch wurden Besitz und Einfluß des Halberstädter Bistums stark eingeschränkt. Sein Nachfolger Hildeward (968 bis 996) hat tatsächlich zugunsten des nach dem Tode Bernhards neu errichteten Erzstiftes Magdeburg wichtige Gebiete abtreten müssen, unter anderen auch, zur Ausstattung des Bistums Merseburg, das Gebiet westlich der Saale mit Lauchstädt im Mittelpunkt. Als – wenn auch wohl nur mäßige – Entschädigung erhielt Halberstadt 1003 Grundbesitz um Heldrungen. Als Graf im Harzgau gewann der Bischof von Halberstadt 1052 schließlich die Grundlage zur Ausbildung territorialer Rechte.[6]

Aus weltlichen Überlegungen erklärt sich die Vorgeschichte des Damenstiftes Quedlinburg. Karl der Große, der seit 775 Sachsen systematisch in das fränkische Großreich einbezog, fand in Ostfalen nicht sosehr bei der bäuerlichen Bevölkerung, sondern vor allem beim Adel Bereitschaft zur Unterstützung seiner politischen Ziele; er verhandelte darüber in der Nähe der Oker. Um Streitigkeiten zwischen Sachsen und Slawen zu schlichten, stieß er 780 an der Mündung der Ohre (Wolmirstedt?) zur Elbe vor. An der militärischen und zugleich ethnischen Grenze der Elbe-Saale-Linie entstanden um 806 zum Schutz der karolingischen Grenzhandelsplätze für den Handel mit Slawen fränkische Kastelle bei Bardowiek, Magdeburg und Halle.

Nach der Teilung des karolingischen Gesamtreiches, in das Karl der Große die Sachsen als letzten der germanischen Stämme zwischen Rhein und Elbe-Saale-Linie eingegliedert hatte, bildete sich ein östliches Teilreich unter sächsischer Führung. Das sächsische Geschlecht der Ludolfinger, bewährt in den Grenzkämpfen gegen die Slawen, übernahm dort die Führung. Es vereinigte schließlich so viel Macht auf sich, daß nach harten Auseinandersetzungen mit König Konrad aus dem Stamm der Franken Herzog Heinrich von Sachsen 919 zum deutschen König erhoben werden konnte. Entsprechend den politischen und militärischen Anforderungen des Königs – die Verbindung eines starken Stammesherzogtums als Grundlage einer «Hausmacht» mit dem Streben zum Königtum war hierbei von wechselseitigem Vorteil – verlagerte dieser seine Macht in das an slawisches Gebiet grenzende Ostfalen. Unter den ostfälischen Pfalzen – die älteste und angesehenste im Sinne einer Stammespfalz war Werla – erlangte Quedlinburg neben Merseburg und später Magdeburg bald eine Sonderstellung. Seine historische Bedeutung erhielt der 922 erstmals urkundlich erwähnte Platz, der bereits seit vor- und frühgeschichtlicher Zeit besiedelt war, durch die Wirksamkeit der Herrscher aus dem Geschlecht der Ludolfinger. Verbunden mit einem Damenstift, wurde die Königspfalz einer der Mittelpunkte des frühfeudalen deutschen Staates unter der Herrschaft der Ottonen. Neben dem Ausbau der Pfalzen – wie in fränkischer Zeit regierte der Herrscher «im Sattel», indem er von Pfalz zu Pfalz zog – stand in Sachsen vor allem die Errichtung zahlreicher Damenstifte, die, vom König oder seinen Großen reich dotiert, meist auf dem Gelände einer Burg emporwuchsen. Das berühmte Stift zu Gandersheim – bekannt durch die dichtende Nonne Hrotsvith –, Gernrode und Quedlinburg waren nicht nur standesgemäß Asyle für unverheiratete Adelstöchter, sondern bedeutende kulturelle Zentren des Landes. Diesen Stiften wuchs auch weltliche Macht zu. Kaiser

Otto I. verlieh der Reichsabtei Quedlinburg, in deren Kirche seine Eltern bestattet waren, die Immunität; vom Papst erwirkte er die Exemtion, die aber erst nach langandauernden Streitigkeiten 1259 durch den Halberstädter Bischof Volrat anerkannt wurde. Ein begehrtes Amt war es, als Stiftsvogt die weltlichen Belange der meist sehr begüterten Damenstifte wahrzunehmen. Stiftsvögte waren unter anderen die Grafen von Falkenstein und die Grafen von Regenstein; später hatten die Askanier und die mächtigen Wettiner das Vogtamt inne.

In karolingischer und ottonischer Zeit wurde Sachsen mit seinen Bischofssitzen und Klöstern zu einem Zentrum sakraler Baukunst. Das Westwerk spielte im «zwangsmissionierten Sachsen» eine hervorragende Rolle (unter anderem Corvey, Werden/Ruhr, Halberstadt, Magdeburg).[7] – Um 1000 bildete sich Hildesheim unter seinem Bischof Bernward, dem Erzieher und Berater Kaiser Ottos III., zu einem künstlerischen Mittelpunkt heraus. Dem allseitig gebildeten Kleriker und Kriegsmann verdanken wir die Abteikirche St. Michael mit ihrer reichen Ausstattung – vor allem Werke des Bronzegusses wie die berühmte Tür und die von antiker Tradition beeinflußte Bernwardssäule.[8]

Nach hundertjähriger glanzvoller Herrschaft der ottonischen Könige aus sächsischem Hause – insbesondere unter Otto I. und Heinrich II. – kam 1024 mit Konrad II. das Geschlecht der Salier zur Macht, das aus dem mittelrheinischen Gebiet mit den Zentren Mainz, Worms und Speyer stammte. Obwohl nun eine Machtverlagerung auf den Westen des Reiches stattfand, blieb das Harzland für die salischen Könige als Reichsdomäne doch von großem Interesse. Heinrich III. erkannte den besonderen Wert der fündigen Silbergruben bei Goslar und schuf dort mit Pfalz und Dom neben Quedlinburg, Halberstadt, Braunschweig, Paderborn und Hildesheim ein neues Zentrum vorwiegend königlicher Macht. Ältere Pfalzen, wie die sächsische Stammespfalz Werla, traten nun in ihrer Bedeutung zurück. Der Kaiser starb 1058 während eines Jagdaufenthaltes auf dem Königshof Bodfeld im Harz; hier gab es zahlreiche Jagdpfalzen, wie Siptenfelde und Pöhlde, wo 1002 Markgraf Eckehard I. ermordet wurde.

Von einschneidender Bedeutung besonders für den Harz und sein nördliches Vorland wurde der «Investiturstreit», der große Machtkampf zwischen Kaiser Heinrich IV. (1056 bis 1106) und Papst Gregor VII. (1073 bis 1086). Das Erzbistum Magdeburg, die sächsischen Bistümer und das Halberstädter Bistum sowie das Stift Quedlinburg und andere feudale Herrschaften Ostsachsens – auch Städte – wurden in die kämpferischen Auseinandersetzungen mit hineingerissen, deren deutsches Zentrum das Gebiet um den Harz bildete. Hier war seit ottonischer Zeit das Königsgut am reichsten vertreten. Hinzu kamen die östlich vorgelagerten Marken, die neuerworbenes Reichsgut waren. Weitsichtig versuchte Heinrich IV., eine der umstrittensten, aber auch bedeutendsten Persönlichkeiten der deutschen Kaiserzeit, diese Gebiete wieder fest an sich, an das Reich zu binden. Es ging ihm letztlich um die Schaffung eines Reichsterritoriums im sächsisch-thüringischen Gebiet. Hierbei stützte er sich auf die Königsministerialen, unfreie Dienstmannen, die oft zu hoher Macht emporstiegen, und auf das sich etablierende Städtebürgertum. Er besetzte das ostfälische Land mit schwäbischen Ministerialen und errichtete in Eile ein System fester Burgen im Harz und um ihn herum (Harzburg, Heimburg, Lauenburg, Grillenburg, Kyffhausen usw.).[9] Ein machtvoller Aufstand des einheimischen sächsischen Adels, der sich dabei auch der Bauern bediente, setzte unter Graf Otto von Northeim ein. Der heimische Adel fühlte sich in seinen althergebrachten Rechten bedroht, und das steigerte seine Entfremdung von der Zentralgewalt, die schon unter Heinrich III. eingesetzt hatte, bis zur offenen Empörung.

Obgleich es letztlich ein Entscheidungskampf zwischen Papsttum und Kaisertum war, ging die Kluft mitten durch den Feudaladel, wobei zahlreiche Kirchenfürsten auf der Seite des Kaisers und zahlreiche weltliche Große aus Gründen dynastischer Eigenbestrebungen auf der Seite des Papstes standen. Zwangsläufig wandten sich auch die meisten Bischöfe des östlichen Deutschland, die dem sächsischen Hochadel angehörten, gegen den Kaiser. Parteigänger des Papstes wurden außerdem Markgraf Dedi von der Ostmark, Markgraf Udo von Stade, der sächsische Pfalzgraf Friedrich von Goseck, bald auch Markgraf Ekbert von Meißen sowie Erzbischof Werner von Magdeburg, Bischof Werner von Merseburg, Bischof Burghard von Halberstadt und andere.

Die Auseinandersetzungen spielten sich vor allem im westlichen Thüringen und im Nordharz ab. Ein Zentrum der Kämpfe war die Harzburg, die Kaiser

Heinrich IV. zu einer verteidigungsfähigen Feste ausgebaut hatte. Dennoch mußte er nach längerer Belagerung heimlich aus ihr fliehen.[10] Nachdem in der Schlacht am Welfesholz 1115 das kaiserliche Heer geschlagen worden war, mußte Heinrichs IV. Sohn, Kaiser Heinrich V. (1106 bis 1125), aus Sachsen fliehen und die Pläne seines Vaters endgültig begraben.

Noch einmal erlebte Sachsen – das zweite Mal nach den Ottonen – eine hohe Blüte. Lothar von Supplinburg, der 1106 von Heinrich V. als Herzog von Sachsen eingesetzt worden und inzwischen dessen erbitterter Gegner war, folgte dem Kaiser 1125 auf dem Königsthron. Wie zur Zeit der sächsischen Könige gewann erneut das Herzogtum in Verbindung mit dem Königtum Gewicht. Die traditionellen Aufgaben der sächsischen Herzöge nahm Lothar wieder auf, und er setzte tatkräftige Grafengeschlechter, die Schauenburger in Holstein, die Askanier in Brandenburg und weiter südöstlich die Wettiner in Meißen ein. Als Grablege gründete er (gest. 1137) das Benediktinerkloster Königslutter. Der aufwendige antikische Bauschmuck der Kirche stand in der Tradition der kaiserlichen Dome von Speyer und Mainz und war teilweise von oberitalienischen Steinmetzen ausgeführt worden.

Diese reiche, von Oberitalien her beeinflußte Bauplastik fand freudige Aufnahme, vor allem in Ostfalen (Kloster Konradsburg, Magdeburger Domkreuzgang, Kloster Hecklingen usw.), und hat die Entwicklung der deutschen spätromanischen Bauornamentik allgemein nachhaltig beeinflußt. Hierauf ging das Herzogtum Sachsen, nachdem vorübergehend (seit 1138) Albrecht der Bär in ihm Herzog gewesen war, an das Geschlecht der in Bayern ansässigen Welfen. Heinrich der Löwe, der 1142 das Herzogtum erhielt und zugleich Herzog von Bayern war, erwies sich als eine überragende Persönlichkeit, die selbst die Macht des Kaisers – Friedrichs I. Barbarossa – in Gefahr brachte. Er dehnte – anfänglich mit Unterstützung und Billigung des Kaisers – sein Herzogtum nach Osten aus, wobei er vor allem mit dem hervorragenden Erzbischof Wichmann von Magdeburg in Konflikt geriet, ebenso mit dem Halberstädter Bischof, dessen Stadt und Dom er 1179 zerstörte. Außerdem weitete er seine Macht nach Nordosten, nach Mecklenburg aus und gründete die Bistümer Ratzeburg, Schwerin und Lübeck. Weitsichtig gründete er an der Travemündung die Seestadt Lübeck.

Die zweite Etappe der feudalen Ostexpansion hatte mit dem Slawenkreuzzug und mit Einzelmissionen der Bischöfe Otto von Bamberg und Vicelin zu Anfang des 12. Jahrhunderts begonnen. Von Magdeburg wurde vor allem durch Prämonstratensergründungen (Leitzkau und Jerichow) unter Erzbischof Norbert von Xanten das im Großen Slawenaufstand von 983 verlorene Gebiet zurückgewonnen; die Bistümer Havelberg und Brandenburg wurden neu errichtet. Gleichzeitig setzte eine Welle von Stadtgründungen ein, die von Heinrich dem Löwen, Erzbischof Wichmann, den Askaniern, Wettinern und von Kaiser Friedrich Barbarossa selbst getragen wurden.[11] Von besonderer Tatkraft waren die Askanier mit Albrecht dem Bären, die sich vom Harz (Ballenstedt und Burg Anhalt) in Richtung auf die Elbe (Bernburg, Köthen, Dessau, Zerbst) ausbreiteten. Noch bedeutsamer war das Vordringen der Askanier vom Raum Wolmirstedt in die Altmark und in ostelbische Gebiete, bis schließlich 1157 Brandenburg in Besitz genommen wurde.

Die Machtverhältnisse in Sachsen, insbesondere in Ostfalen, veränderten sich schlagartig, als Heinrich der Löwe sich mit Kaiser Friedrich I. endgültig überwarf, wegen Aufsässigkeit und Majestätsbeleidigung der Acht verfiel und sein Lehen, vor allem die Herzogtümer Bayern und Sachsen, verlor. Ein bleibendes Denkmal hat sich der nun geächtete Sachsenherzog in seiner Pfalz Dankwarderode mit dem Löwenstandbild (1166) und mit dem Dom zu Braunschweig gesetzt. Ein prachtvoller Doppelgrabstein des Fürsten und seiner Gattin Mathilde gehört neben den berühmten Grabmonumenten im Merseburger und im Magdeburger Dom sowie dem Grabstein Wiprechts von Groitzsch (Stadtkirche zu Pegau) zu den bedeutendsten Bildnisgrabsteinen der mittelalterlichen deutschen Kunstgeschichte.[12]

Nach dem Sturz des mächtigen Sachsenherzogs, der seine Hand sogar nach der kaiserlichen Pfalz Goslar und den dortigen Erzgruben ausgestreckt hatte, wurde das Herzogtum geteilt. Die Herzogswürde erhielt nun Graf Bernhard von Anhalt (Askanien). Der Name Sachsen blieb schließlich nur noch mit den askanischen Territorien bei Lauenburg und bei Wittenberg verbunden. Als das Herzogtum Sachsen-Wittenberg nach dem Aussterben der regierenden Linie 1423 mit der Kurwürde an Friedrich den Streitbaren von Meißen gelangte, wanderte die Stammesbezeichnung weiter. Seitdem wird das neue «Obersachsen» von dem alten «Niedersachsen» unterschieden. Das hohe Mittelalter war erfüllt von Eroberungen und Siedlungtätigkeit, verbunden mit Rodungen oder Entwässerungen; Dörfer, Städte und Klöster wurden gegründet. Burgen wurden gebaut und zerstört, Städte verheert, wie zum Beispiel Halberstadt und Haldensleben durch Heinrich den Löwen.

Auch literarisch ist das ludolfingische Kernland mannigfach hervorgetreten. Als erstes größeres Werk ist hier das Heliand-Epos (um 825/35) zu nennen, das ein Dichter sächsischen Stammes im Auftrage Ludwigs des Frommen geschaffen hat und das die Heilsgeschichte in Stabreimversen erzählt. Unter den zahlreichen Lokalisierungsversuchen behauptet die These von der Entstehung dieser Bibeldichtung im Raum zwischen Weser und Elbe durchaus ihren Platz. – Von der Mitte des 10. Jahrhunderts an erwies sich unser Gebiet als der geistige Schwerpunkt des Reiches. Otto I., der sein Magdeburg zur «neuen Hauptstadt der Deutschen» machte, erneuerte unter Berufung auf Karl den Großen nicht nur das Reich, sondern er knüpfte auch an dessen Bildungspolitik an. Er zog Gelehrte und Dichter an seinen Hof, veranstaltete Disputationen und zeigte sich als Förderer der Domschulen. Selbst die weiblichen Mitglieder des ludolfingischen Hauses hatten teil an dem Aufschwung der lateinischen Bildung, wie Ottos Nichte Gerberga, eine Mitschwester der Kanonisse Hrotsvith von Gandersheim; seine Tochter Mathilde, Äbtissin von Quedlinburg, der Widukind von Corvey seine Sachsengeschichte gewidmet hat, oder seine Schwester Gerberga.

Die Regierungszeit Ottos I. ist durch eine merkliche Belebung der lateinischen Poesie gekennzeichnet, und historiographische und literarische Werke der Ottonenzeit verraten in ihren Widmungen und Vorreden enge Beziehungen zum sächsischen Herrscherhause. Die bedeutendsten Vertreter dieser Literatur wirkten im Stammland. Voran steht Hrotsvith, die erste Schriftstellerin Deutschlands, die zwischen 955 und 970 unter anderem acht Legenden verfaßte, die ferner, um den heidnischen Terenz aus dem gelehrten Unterricht zu verbannen, sechs christliche Dramen schrieb, die mit ihren «Gesta Oddonis I.» nicht nur den Kaiser besang, sondern zugleich eine Art Familiengeschichte des sächsischen Hauses lieferte und die in den «Primordia coenobii Gandeshemensis» die Gründung ihres Stifts schildert.

Etwa zur gleichen Zeit schrieb in Corvey an der Weser der Mönch Widukind seine Sachsengeschichte, die – gleich den historischen Werken Hrotsviths – deutlich von sächsischem Stammesstolz erfüllt ist.

In die Blütezeit der lateinischen Ottonenliteratur, die bis um 1050 dauerte, gehören ferner die Hildesheimer Annalen, die Vita Brunonis des Ruotger, das «Leben Adalberts» von Brun von Querfurt (1004) sowie das bedeutendste historiographische Werk unseres Gebietes, das «Chronicon» des Bischofs Thietmar von Merseburg, der in Quedlinburg aufwuchs und vor seiner Berufung zum Bischof (1009) in Magdeburg lebte.

Auch aus der Sammlung der «Carmina Cantabrigiensia» ist vieles «Ottonenpoesie», wie das Preislied «Modus Ottino» (im Dienste Ottos III.), das lateinisch-deutsche Mischgedicht «De Heinrico» auf Heinrich II. sowie zwei Totenklagen auf diesen Herrscher. Einen Nachklang der lateinischen Dichtung in unserem Gebiet mag man im «Ernestus» (1206) des Priesters Otto von Magdeburg vernehmen, der den deutschen Sagenstoff vom Herzog Ernst im Auftrag seines Erzbischofs Albrecht in lateinische Hexameter gegossen hat.

Auf dem Gebiet der Rechtsliteratur wurde Ostfalen um 1225 führend durch den «Sachsenspiegel» des anhaltischen Schöffen Eike von Repgow, der eine Aufzeichnung des Land- und Lehnrechts seiner elbostfälischen Heimat vornahm, die am Anfang der deutschsprachigen Rechtsliteratur überhaupt steht und im ganzen Reich stärksten Einfluß ausgeübt hat. Im Dienst des Quedlinburger Stiftsvogtes kodifizierte Eike den «Sachsenspiegel» auf der Burg Falkenstein. – Die «Sächsische Weltchronik», Eikes anderes großes Werk, wirkte ebenfalls weit über ihre engere Heimat hinaus; sie ist unter anderem durch ihre Prosaform beispielgebend geworden.

Das zur mächtigen Handelsstadt emporgestiegene Magdeburg wurde durch das «Magdeburger Recht» zur Mutter einer ausgedehnten Rechtsfamilie, die sich über Schlesien, Polen, Litauen und andere Länder Osteuropas ausbreitete.

In Magdeburg wirkte schließlich um die Mitte des 13. Jahrhunderts jahrzehntelang die Begine Mechthilt (geb. um 1207), die Verfasserin des «Fließenden Lichts der Gottheit». Sie zählt zu den führenden Vertreterinnen der Frauenmystik, und sie hat der geistig wie sprachgeschichtlich gleichermaßen bedeutenden spätmittelalterlichen Mystik wichtige Impulse gegeben.[13]

Das ausgehende Mittelalter war auch im östlichen Sachsen vom Aufruhr der Bürgerschaft gegen ihre geistlichen Stadtherren gekennzeichnet. In Magdeburg wurde Erzbischof Burchard, Edler von Querfurt, im Ratskeller erschlagen. Erzbischof Norbert von Xanten hatte schon 1129 vor einem Volksaufstand in einen Wehrturm im Dombereich und bald danach auf den sicheren Giebichenstein bei Halle flüchten müssen. Auch ein Halberstädter Bischof hatte keine andere Wahl, als sich vor dem Volkszorn über die Stadtmauer zu retten. Auseinandersetzungen mit der Bürgerschaft zwangen 1401 das Halberstädter Domkapitel und Stift zum Auszug aus der Stadt; immer wurde mit geistlichen Strafen (dem Interdikt) reagiert. Anfang des 14. Jahrhunderts nahmen die Quedlinburger den Stiftsvogt, den Grafen von Regenstein, gefangen und zerstörten die «Guntekenburg», die zur Beherrschung der Stadt errichtet worden war. Nachdem die Quedlinburger Bürgerschaft Anschluß an die Halberstädter Bischöfe gesucht hatte, kam es 1326 zu einem Bund mit den bischöflichen Städten Halberstadt und Aschersleben und schließlich 1384 zum Anschluß an den niedersächsischen Städtebund; 1426 wurde die Stadt Mitglied der Hanse.

Mit Beginn der Neuzeit ist das alte Stammesherzogtum Sachsen ein zersplittertes Land; Teile Ostfalens, so auch die Diözesen Magdeburg und Halberstadt, gelangten mit dem Westfälischen Frieden an Brandenburg-Preußen. Das Territorium des Quedlinburger Stiftes, das 1539 evangelisches «freies weltliches Stift» wurde, kam an Brandenburg, als die Kurfürsten 1698 die Schutzvogtei übernahmen. Durch den Reichsdeputations-Hauptschluß vom Jahre 1803 erfolgte schließlich die Angliederung an das Königreich Preußen.

DIE STIFTSKIRCHE ZU QUEDLINBURG

Quedlinburg von Osten.
Kupferstich von Matthäus Merian.
Um 1650

LAGE UND GESTALT

Weit beherrscht der Burgberg zu Quedlinburg das von einem Höhenrücken durchzogene Harzvorland. Auf einem Sandsteinfelsen erhebt sich stämmig und giebelgekrönt mit festen Mauern die alte Stiftsburg. Das Felsplateau bestimmt den ungleichmäßigen Umriß der Anlage, deren Kern die hochromanische Stiftskirche bildet. Kantige Türme mit niedrigen Helmen überragen die klar gegliederte Basilika. Eng rükken die Wohn- und Wehrbauten – heute im Osten weitgehend beseitigt – an das dominierende Gotteshaus heran. Malerisch drängen sich auch die kleinen Fachwerkhäuser bis nahe an den Berg. Größere Höfe bilden einen schützenden Kranz. Die Altstadt Quedlinburg bietet so mit dem feudalen Kern, dem Burgberg am Südrande der Siedlungslandschaft, einen einzigartigen Anblick.

Von Nordwesten schiebt sich ein Höhenrücken in das Sumpfgebiet der Bode vor, der in Strohberg, Münzenberg und Burgberg durch Senken unterteilt ist. Die Erhebungen sind bereits seit der Bronzezeit und früher besiedelt gewesen. Südwestlich des Burgberges liegt, von einem Bodearm umflossen, ein seit frühgeschichtlicher Zeit bestehender Wirtschaftshof, die spätere «curtis Quitilinga». Aus diesem Königshof – einem sächsischen Rundling – ging im 10. Jahrhundert das Wipertikloster hervor. Als «Suburbium» darf man das Westendorf bezeichnen, wo freie Bau-

ern ihre Höfe und Dienstmannen ihre Eigenbefestigungen hatten. Während diese Burgmannensiedlung den Burgberg unmittelbar umschließt, entwickelten sich die stadtherrlich-romanische Altstadt sowie die Neustadt der bürgerlich-gotischen Zeit nordöstlich davon. Der gesamte, ursprünglich sehr locker bebaute Siedlungsorganismus wurde von den Bodearmen und der Sumpfaue geschützt. Kristallisationskern und «Stadtkrone» war der Burgberg, auf den alle Siedlungsteile seit dem 10. Jahrhundert sinnvoll bezogen waren. Von hier aus regierten die feudalen Gewalten nicht nur die Stadt und weite Ländereien, sondern zeitweise das gesamte deutsche Reich. Burghaft ist das Wesen der Gesamtanlage: befestigte kaiserliche Pfalz und weltliches Damenstift für unversorgte Töchter deutscher Fürsten- und Adelsgeschlechter.

Steil führt die Zufahrt an der Nordseite des felsigen Burgberges hinauf. Durch das erste Burgtor – eine spätere, einfach ausgeführte Erneuerung – gelangt man auf holprigem Pflaster durch den ehemals bewehrten Zwinger in das romanische Kammertor. Hier künden Bauinschriften von gotischen und barocken Veränderungen. Geböschte und von Strebepfeilern gestützte Wehrmauern wachsen gleichsam aus dem Felsplateau heraus und umschließen schützend den Stiftsberg. Aus der dunklen Torbefestigung gelangt man in den mittleren Burghof. Im Westen und

Norden von den späteren Schloßgebäuden umgeben, erhebt sich an der Südseite eindrucksvoll und großartig die dem heiligen Servatius geweihte Stiftskirche, ein monumentales Denkmal hochromanischer Baukunst.

Klar staffeln sich die Baumassen der dreischiffigen kreuzförmigen Basilika, die im Westen eine Doppelturmfassade mit niedrigen Zeltdächern abschließt. An der Ostseite des Querhauses wölben sich halbrunde den Hauptfenstern, in die Säulen mit Rundwülsten eingestellt sind. Die Stockwerke der kantigen Türme werden ebenfalls durch Ornamentbänder gegliedert und voneinander klar abgesetzt. Sind hier die unteren Geschosse von irdischer Schwere, so werden die oberen durch Rundfenster mit einfacher und zweifacher Säulenunterteilung in logischer Folge geöffnet. Aufwendig, aber diszipliniert in ihrem Formenreichtum kündet die mauerhafte Stiftskirche von ihrem ehemals

Burgberg zu Quedlinburg. Mittlerer Innenhof
mit dem 1878 abgerissenen
Verbindungsgang vom Wohnbau der Äbtissin zur Empore der Stiftskirche.
Radierung von G. Steuerwaldt

hohe Nebenchöre heraus. Der in gotischer Zeit angefügte Hauptchor birgt unter sich die vielräumige romanische Krypta. Sie ist das steinerne Gehäuse für die Gräber des ersten deutschen Königspaares: Heinrich I. und Mathilde.

Rauh und verwittert ist das Mauerwerk am Äußeren der Kirche, unregelmäßig und spannungsvoll die Aufteilung der Flächen wie auch die der Schmuckformen. Ein kräftiger Sockel, der den Geländeunterschied ausgleicht, trägt wenige senkrecht gliedernde Halbsäulen; die Mauerecken sind betont. Vorherrschend ist die Horizontalgliederung der Rundbogenfriese, deren Wirkung durch ein darübergesetztes Ornamentband ins Festliche gesteigert wird, so auch bei hohen politischen Rang. Sie war nicht nur Gotteshaus des hochadligen Damenstiftes, sondern Gehäuse für die Machtdemonstrationen der deutschen Kaiser und Könige. Von 922 bis 1207 weilten die Herrscher 69mal in Quedlinburg, um prachtvolle Reichsversammlungen abzuhalten oder Kirchenfeste, vor allem Ostern, feierlich zu begehen.

In das Innere gelangt man nicht von Westen her in Richtung der Kirchenachse, sondern seitlich durch das Nordportal. Dieses ist außer einem im Typ ähnlichen Portal an der erzbischöflichen Kathedrale zu Mainz das erste Gewändeportal auf deutschem Boden. Von zwei Säulen flankiert und von einem anschwellenden Bogen[14] eingefaßt, ist es abgestuft in die

Mauer hineingefügt worden. Die eingestellten Halbsäulen tragen – wohl als Herrschaftssymbole – prachtvolle Adlerkapitelle.

Weihevoll und großartig ist das Innere der kreuzförmigen Basilika: umbauter Raum im reinsten Sinne, ernst und klar abgesetzt wie die Baukörper des Äußeren. Das mächtige flachgedeckte Mittelschiff begleiten Seitenschiffe von halber Höhe und halber Breite. Es endet in einer halbrunden Apsis, die ursprünglich von Rundfenstern erleuchtet wurde.[15] Die vielsäulige Krypta, die bis unter das Querhaus reicht, hob den Hohen Chor über die Blicke der Laien, die nur das Langhaus betreten durften, hinaus. Wo sich Langhaus und Querhaus durchdringen, scheiden vier riesige Rundbogen die Vierung als Raumzentrum aus. Hier, in der Fensterzone, in der Empore und in den Arkaden des Langhauses sowie in den Chorabschlüssen wiederholt sich mannigfaltig das Bogenmotiv romanischen Bauens: Rundöffnungen, die wie aus den Mauern ausgeschnitten erscheinen. Die flächige und mauerhafte Wand herrscht vor. Die verschiedenen abgestuften Räume sind nach dem in der Romanik gebräuchlichen «gebundenen System» – Teilung in Quadrate nach dem Grundmaß der «ausgeschiedenen Vierung» – angeordnet. Akzente bilden im Langhaus die Arkadenpfeiler, wodurch ein rhythmischer Wechsel zwischen ihnen und den monolithen Säulen entsteht. Dieser für Sachsen charakteristische «Stützenwechsel» belebt den Hauptraum und erzeugt Spannungen zwischen den Arkadenöffnungen und der Fensterzone. Die Spannungen werden durch die Verschiedenartigkeit der Raumabschlüsse im Westen und Osten noch erhöht. Gesteigert wird die Wirkung der konstruktiven Elemente an den Stellen, wo ihre Funktion durch bildnerische Mittel sichtbar gemacht wird. Die Stützen der Arkaden stehen auf hohen attischen Basen, darunter eckig und ungegliedert einfache Platten, die Plinthen. Die Köpfe der Monolithsäulen sind Würfelkapitelle, aus deren Blöcken tüchtige Steinmetzen eine reiche Formenwelt herausgehauen haben, desgleichen aus den darüber liegenden Kämpferplatten. Beide markieren die Zone, wo die inneren Kräfte des Bauwerkes sichtbar aufeinanderstoßen: die tragenden der Stützen und die lastenden der Arkadenbögen. Die geniale Lösung der deutschen Romanik für den Übergang vom Rund der Säule zum Viereck des Arkadenfußes ist das Würfelkapitell: die logische Durchdringung von Kugel und Würfel.

Der phantasievolle Schmuck der Kapitell- und Wandzonen im Langhaus der Stiftskirche ist für Sachsen in der deutschen Romanik einmalig und neu. Auch die übrigen Kapitelle und Kämpfer sind ornamentiert. Die Langhausfenster werden auch im Inneren durch eingestellte Säulchen und Rundwülste mit Basen und Kapitellen hervorgehoben. Ein System flächiger Schmuckfriese gliedert – ähnlich wie außen – die Wände in horizontale Zonen. Besondere Würde verleihen den Seitenchören mehrfach umlaufende Schmuckfriese. (Wie aufwendig mag erst der ursprüngliche Hauptchor geschmückt gewesen sein!) Eine hervorragende Gestaltung erfuhr die Empore der Stiftsdamen, die nicht nur dem Adel angehörten, sondern auch aus fürstlichem und königlichem Hause stammten. Als «Herrschaftsloge» bildet sie ähnlich wie die Westwerke der karolingischen Zeit den Gegenpol zu dem Hohen Chor, dem Presbyterium der Priester. In der Emporenwand wurden als höchste Ausdrucksmittel mehrfach geschichtete Friese und sich durchdringende Gliederungselemente verwandt.

Überwältigend und von zeitloser Größe erscheint uns das Innere in seiner klaren räumlichen Abstufung, der mauerhafte Raummantel mit seinem reichen, aber disziplinierten plastischen Schmuck, die hohen Wände, getragen von stämmigen Stützen. Wir genießen die material- und werkgerechte Arbeit mittelalterlicher Steinmetzen, die graue Oberfläche der bearbeiteten Quader, ihre unregelmäßige und doch sinnvolle Steinsetzung, diesen Duktus handwerklicher Fähigkeiten, der unserer Zeit naturgemäß verlorengegangen ist. Haben wir es hier, ebenso wie bei den Domen von Magdeburg und Halberstadt, aber nicht mit Architektur zu tun, deren großartige Kargheit der ursprünglichen Wirkung gar nicht mehr entspricht?[16] Es fehlen die farbigen Glasfenster, wie sie als große Seltenheit aus dieser Zeit noch im Dom zu Regensburg erhalten sind. Sie verdüsterten den jetzt sehr hellen Innenraum außerordentlich. Über das abgestufte Grau der Wände und Stützen legte sich einst das farbige Gewand romanischer Wandmalereien, Reste mit dickem Stuckauftrag sind im nördlichen Seitenschiff, eindrucksvolle Deckenmalereien in der Krypta erhalten. Eine noch stärkere Polychromie wird die Ornamentzone hervorgehoben haben. Auch davon sind Reste erhalten. Farbenprächtig, reich ornamentiert und gleichfalls mit einem ikonographischen Programm versehen war – ähnlich wie die einzigartig erhaltene Decke von St. Michael zu Hildesheim (um 1250) – die ursprüngliche Holzdecke. Waffen, Fahnen und zahlreiche Altäre werden zusammen mit prächtigen Teppichen und kostbaren Priestergewändern – in den Domschätzen von Quedlinburg und vor allem von Halberstadt noch bewahrt – die großartige Gesamtwirkung von Raum und Architektur vollendet haben; nicht zu vergessen die aufwendige Liturgie der Priester und die farbenfreudige weltliche Pracht kaiserlicher Würdenträger und ihres adligen Gefolges bei hohen kirchlichen Festen und Reichsversammlungen.

Betreten wir die Krypta, so empfängt uns geheimnisvolles Dunkel. Weiträumig schiebt sich diese Unterkirche bis unter das Querhaus vor. Während abgestufte massige Pfeiler im Norden und Süden zweijochige Seitenchöre ausscheiden, ist der Hauptraum der Krypta eine dreischiffige Halle, die wie die anderen Chöre in einer Apsis endet. Polygonale und runde Stützen tragen die Kreuzgewölbe. Während hier die attischen Basen klassische Verhältnisse in der Abfolge Wulst – Kehle – Wulst haben, sind die Kapitelle und Kämpferplatten ebenfalls reich, aber doch verschiedenartiger als jene im Langhaus gebildet. Die westlichen Joche der Krypta – Rundtonnen mit Stichkappen – tragen Säulen mit sächsischen Pilzkapitellen und weit ausladenden Kämpfern. Gewölbemalereien mit Figurenzyklen aus dem Alten und Neuen Testament schmücken den düsteren Raum. Ausführlich sind die Geschichte der Susanna und die Wundertaten Christi wiedergegeben. In streng-flächiger Komposition und meisterhafter Zeichnung sind die heiligen Gestalten dargestellt, sehr eindringlich ist die Sprache ihrer Gebärden.[17] An den Wänden stehen die Grabsteine der Äbtissinnen und «beleben» imaginär das dem Tageslicht entrückte Gewölbe. Von eindrucksvoller Monumentalität sind in ihrer Starrheit die Grabsteine der Äbtissinnen Adelheid I. (gest. 1044/45), Beatrix (gest. 1062) und Adelheid II. (gest. 1095), bedeutende Bildwerke früher deutscher Kunst der Zeit um 1130.[18] Die Grabsteine aus Stuck – ein in Sachsen beliebtes Material – zeigen die Bildnisse der Verstorbenen stark gerundet in eingetieften Mulden und ohne persönliche Züge. Die feierlichen Gebärden der Äbtissinnen werden gesteigert durch die strenge, wie ein Ornament angeordnete Gewandfaltung.

Das kultische Zentrum der Krypta sind die Königsgräber in der Apsis und die halbrunde «Confessio». Diese Andachtsgruft mit radial angeordneten Rundnischen diente den hinterbliebenen Familienmitgliedern dazu, dem verstorbenen König Heinrich im Gebet nahe zu sein.[19] – War das Langhaus der festliche Raum für die demonstrative Prachtentfaltung kaiserlicher Macht – vielleicht anstelle einer fehlenden Königshalle in der Stiftsburg –, so barg die Krypta das Heiligtum der königlichen Familie und damit des jungen deutschen Staates. Das Sichdurchdringen von Weltlichem und Sakralem, ein bisher wenig beachteter, aber sehr wichtiger Wesenszug des Mittelalters in der Epoche des aufsteigenden Feudalismus, wird am Beispiel von Quedlinburg in hervorragender Weise deutlich.

BAUGESCHICHTE

Betrachten wir, nachdem wir die Räume – auch die tiefergelegene Wegekapelle St. Nicolai in vinculis und die Gruft der Äbtissinnen – durchschritten und die zahlreichen Stützen mit ihren meisterhaft gearbeiteten Kapitellen studiert haben, die bauliche Entwicklung der hochangesehenen Stiftskirche.

Die Stiftsburg selbst, das Gotteshaus und der Königshof «curtis Quitilinga» sind in ihrer Entwicklungsgeschichte eng miteinander verbunden, ebenso mit dem Suburbium (Westendorf), dem Nonnenstift auf dem Münzenberg und der sich entfaltenden Marktsiedlung früher Kaufleute. Sie alle haben eine lange und komplizierte Baugeschichte, deren Wurzeln bis weit in das erste Jahrtausend und weiter zurück reichen. Durch umfangreiche Grabungen ist es Hermann Giesau sowie Hermann Wäscher, der diese auswertete, gelungen, die Entstehungsgeschichte weitgehend aufzuhellen.[20] Vier aufeinander folgende Kirchen haben sich demnach auf derselben Stelle gewissermaßen ineinandergeschachtelt und übereinander liegend nachweisen lassen. Sie widerspiegeln das Werden und die Veränderung der befestigten Pfalz und Stiftsburg und lassen die Bedürfnisse und die Mittel des sich festigenden Feudalsystems bei der Schaffung des deutschen Staates im frühen und hohen Mittelalter erkennen.

1 Der Burgberg von Süden

2 Der Burgberg mit Schloß und Stiftskirche vom Münzenberg gesehen

3 Der Burgberg von Südwesten

4 Fachwerkhäuser unterhalb des Burgberges
5 Die Stiftskirche von Südosten

6 Portal zur Krypta an der Nordseite des Chors

7 Detail der Nordseite der romanischen Basilika

Folgende Seite: 8 Der Burghof mit Nordseite der romanischen Basilika und Westtürmen

11 Das Innere der Oberkirche gegen Osten (Chor erneuert)

12 Blick zur Nonnenempore

13 Schmuckfriese im südlichen Querhaus

14 Apsis im südlichen Querhaus

15 Ornamentfriese am nördlichen Nebenchor

16 Ornamentale Gliederung der Nonnenempore (stark erneuert)

17 Nördliche Arkadenreihe des Mittelschiffs
18 Würfelkapitell mit ornamentiertem Kämpfer

19 Kapitelle mit Adlermotiven
20 Blick aus dem nördlichen Seitenschiff ins Mittelschiff

21 Arkadenpfeiler. Kämpfer mit Rosettenschmuck

22 Würfelkapitell mit Figurenschmuck

23 Korinthisierende Kapitelle (das vordere mit Eckmasken)
24 Adlerkapitell. Kämpfer mit Fries weinbeerenpickender Vögel

25 Krypta. Zugang zur Wegekapelle und zur Gruft.
Arkaden mit Pilzkapitell

26 Wegekapelle St. Nikolai in vinculis. Arkaden mit Stuckkapitellen

27 Säulen mit Pilzkapitellen in der Krypta
28 Pfeiler in der Krypta

29 Die Krypta gegen Osten
30 Schrägblick durch die Krypta

31 Krypta. Die «Confessio»
mit den Königsgräbern
32 Steinsarg
der Königin Mathilde († 968)

Folgende Seiten:
33 Schrägblick durch die Krypta
34 Grabplatten der Äbtissinnen.
Stuck. Um 1130

CTVS·EST·DIES
EIVS·SICVT·VMBRA·PRETERERVN
VIIII·KL·FEB·H·ATH·FIL·ABB
HOMO·VANITATIS·MILIS·FA

35 Äbtissin Adelheid I.
36 Äbtissin Beatrix

Folgende Seiten:
37/38 Gewölbemalereien in
der Krypta. Um 1170

ANVS

41/42 Bossenkapitelle mit Löffelblättern

43/44 Korinthisierende Kapitelle (halbfertig und vollendet; Vorstufe auf Tafel 42)

45 Kapitell mit Eckmasken und Schlangen
46 Adlerkapitell

47 Auffahrt zur Burg mit äußerem Tor

I. Die ältesten Spuren menschlicher Besiedlung können noch der Eiszeit zugerechnet werden, weitere der Steinzeit. Aus der Bronze- und Eisenzeit fand man Kellergruben, aus dem Felsen gehauene Vorratsräume und Pfostenlöcher, Umwallungsreste und Depotfunde. Auf Grund von Funden ist für die spätrömische Kaiserzeit eine germanische Fluchtburg anzunehmen, während im Gebiet des späteren Königshofes eine offene Siedlung bestand. – Zwei nacheinander entstandene Hallenbauten aus der Zeit um 900 gingen dem ältesten (ersten) Sakralbau voraus. Diese Burgkapelle war eine kleine dreischiffige Basilika, vermutlich von drei Apsiden im Osten abgeschlossen. Sie hatte einen quadratischen Grundriß und einen eingezogenen Westturm mit einer Vorhalle. Drei spätkarolingische Kapitelle, die dem Stil des Klosters Lorsch nahestehen, stammen vermutlich von der Burgkapelle, die Carl Erdmann für eine Wipertikirche hält. Sie dürfte um die Mitte oder in der zweiten Hälfte des 9. Jahrhunderts entstanden sein und als Burg- und Pfarrkirche sowie zugleich für Chorherren, die vor 936 nachgewiesen sind, gedient haben. In der Nähe stand bereits die heute unterirdisch verbaute Wegekapelle St. Nicolai in vinculis, deren Einwölbung jedoch erst um 997 oder später erfolgte. Der ursprüngliche Zugang zur Burg, an dem sich die Wegekapelle erhob, lag an der Südseite und betonte wohl die größere Bedeutung des Königshofes gegenüber den ersten Anfängen einer städtischen Siedlung nördlich des Burgberges.

Nachdem seit Zerschlagung des Thüringer Reiches 531 die «Quidilingonburg» und das zu ihr gehörige Gebiet in den Besitz der Billunger gekommen war, ging sie zwischen 901 und 912 an das sächsische Geschlecht der Ludolfinger über. Vor 901 war der spätere Königshof in der Niederung nach den «Miracula sancti Wigberthi» hersfeldisch und damit wohl auch vorübergehend der Burgberg selbst. Im Jahre 922 wird schließlich die «Quitilingaburg» erstmals schriftlich erwähnt.

Unter dem erstarkenden Geschlecht der Ludolfinger war der Burgberg noch bescheiden, etwa in der oben beschriebenen Weise bebaut, selbst wenn wir noch hölzerne Wohnbauten und einfache Befestigungen hinzurechnen. Herzog Heinrich, dessen Königswahl 919 legendär mit dem Finkenherd bei Quedlinburg in der Erinnerung des deutschen Volkes wach geblieben ist, erhob diesen Familiensitz zur bevorzugten Königspfalz. Nachweisbar hat der König – feste Residenzen gab es im Mittelalter noch nicht – in den Jahren 922, 923, 929 und 931 in Quedlinburg geweilt, Reichsversammlungen und die Hochzeit seines Sohnes Otto I. mit der englischen Königstochter Editha abgehalten. Die gehobene Funktion des feudalen Zentrums wird den Ausbau der Wohngebäude, die Gefahr der Ungarneinfälle die Verstärkung der Befestigungen erfordert haben. Damals mag auch die innere Ringmauer der Burg unter Verwendung von Mörtel entstanden sein. Diese Maßnahmen lassen sich durch Grundmauern für Holz- und Steinbauten sowie Reste einer Fußbodenheizung nachweisen. Sie fallen in die Regierungszeit Heinrichs I., der mit einer Burgenordnung einen umfangreichen Ausbau von Burgen und Befestigungen organisierte. Der König, der 936 in seiner Pfalz Memleben starb, wurde in seine Lieblingspfalz Quedlinburg übergeführt und in der Burgkapelle bestattet.

II. Bereits 929 hatte Heinrich I. seiner Gemahlin Mathilde seine Besitzungen in Quedlinburg als Wittum geschenkt. Mit der Gründung eines Damenstiftes, die 936 Otto I. bestätigte, wurde die Absicht des zur Macht gekommenen sächsischen Geschlechtes deutlich, den ehrwürdigen Familiensitz kulturell und politisch vorrangig zu fördern und damit zu erweitern und auszubauen. Die Kanoniker wurden in den Königshof verlegt, statt dessen bezogen Nonnen – wohl die vornehmsten – aus dem Kloster Wendhausen bei Thale das Stift, dem Königin Mathilde und nach ihr andere Mitglieder des Herrscherhauses als Äbtissinnen vorstanden. Die befestigte Pfalz bestand weiter und wurde entsprechend verstärkt und erweitert: Eine zweite Ringmauer entstand, den nach dem Südhang bestehenden Burgzugang verstärkte ein mächtiger Burgus. Die Wohnbauten, die für den standesgemäßen Aufenthalt der Stiftsdamen und für hohe Gäste sowie für eine Stiftsschule nötig wurden, setzte man während der nötigen Burgerweiterung vor die alte (innere) Ringmauer. Als Kernbau wurde ein mächtiger Breitwohnturm an der Westseite hochgeführt. Dessen dreigeteiltes Untergeschoß läßt die enge Verwandtschaft zu der noch völlig erhaltenen Kemenate in Wendhausen erkennen, die sogar durch alle Stockwerke dreifach geteilt ist.[21] Die entscheidendste bauliche Veränderung erfuhr die Burgkirche. Der ältere Bau blieb stehen und wurde nach Westen zu von

12 auf 22 Meter verlängert. Er nahm damit genau die Größe der heutigen Krypta ein. Um das Ansehen des Stiftes – nicht zuletzt als Familienheiligtum – noch mehr zu stärken, wurde der Reliquienkult intensiver betrieben. In den Jahren 961, 962 und 964 wurden «ganze Körper von Heiligen» übergeführt, so beispielsweise unter großer Prachtentfaltung der aus Maastricht kommende Leichnam des heiligen Servatius. Offenbar für diesen neuen Schutzheiligen, dessen Aufstellung mit «paradiesischer Pracht» vor sich ging – Abordnungen waren dem Zug bis an den Rhein entgegengezogen –, war der merkwürdige Stufenraum an der Westaußenseite der erweiterten (zweiten) Kirche angefügt worden. Diente dieser Bauteil dem Heiligenkult, so wurde die «Confessio» wohl etwa gleichzeitig in den Felsen eingetieft, damit die verwitwete Königin in ähnlicher Weise durch eine Öffnung den Gebeinen ihres Gemahls im Gebet nahe sein konnte. Sie starb 968, nachdem sie durch umfangreiche Schenkungen den Grundbesitz ihres Stiftes erweitert hatte, und wurde neben Heinrich I. beigesetzt.

III. Das letzte Drittel des 10. Jahrhunderts brachte unter den Ottonen die Glanzzeit des Burgberges. Die Stiftsburg wurde Metropole des Reiches. Die sächsischen Kaiser feierten hier hohe Kirchenfeste. Zahlreich sind die Reichstage, darunter der wohl glanzvollste und letzte Ottos I. am 23. März 973. Der Chronist Thietmar von Merseburg berichtet: «Dahin eilten zusammen auf des Kaisers Befehl die Herzöge Miseco und Bolizlaw sowie die Gesandten der Griechen, Beneventer, Ungarn, Bulgaren, Dänen und Slawen samt allen Großen des ganzen Reiches ...» Die Kaiserin Theophano residierte von 973 bis 978 auf der Stiftsburg. Nach dem Tode Ottos II. bringt man den vierjährigen Otto III. nach Quedlinburg, für den abermals Theophano vormundschaftlich und später als Reichsverweserin Äbtissin Mathilde regierten. Als im Jahre 1000 Otto III. auf der Stiftsburg das Osterfest feierte, fanden gleichzeitig eine Reichsversammlung und eine große kirchliche Synode statt. Die Veranstaltungen erforderten eine Erweiterung der Burg bis zur äußersten Grenze des Felsplateaus. Man legte Substruktionen an, um den Berg künstlich zu vergrößern, vor allem wurde die Burgzufahrt nach Norden verlegt. Eine Verlagerung, die wohl als ein Hinwenden zu der wirtschaftlich stärker werdenden Marktsiedlung um St. Blasius zu deuten ist.

Und wieder erfährt die zu eng und unansehnlich gewordene Stiftskirche eine Veränderung. Eine neue (dritte) Basilika erhebt sich über den Vorgängerbauten und nimmt den ganzen Platz der heutigen (vierten) ein. Der großartige, einheitliche Bau wurde ein Ereignis ersten Ranges. Zeitgenossen priesen ihn als «heilige Hauptkirche des Reiches». Der Neubau fand in zwei Etappen statt, wobei der Gesamtplan einer dreischiffigen Basilika über kreuzförmigem Grundriß und einer Westturmfassade wohl feststand. Zuerst führte man westlich der alten, kleinen Basilika das Langhaus auf, wobei die Wegekapelle überbaut und eingewölbt und erstere zunächst für den Gottesdienst weiter benutzt wurde. Die Westturmanlage bestand ähnlich wie bei der Stiftskirche Freckenhorst und anderen sächsischen Damenstiftskirchen aus einem kubischen Mittelbau, den zwei zylindrische Treppentürme flankierten. Der in das Langhaus vorgezogene Mittelbau hatte eine Vorhalle und darüber die Nonnenempore, ähnlich nach innen geöffnet wie bei der heutigen Kirche. Die Weihe dieses ersten Bauabschnittes erfolgte im Jahre 997.

Nachdem nun der fertiggestellte Westteil der spätottonischen Basilika für den Gottesdienst zur Verfügung stand, konnte man den zweiten Kirchenbau abbrechen. Über dessen westlicher Hälfte – dem Erweiterungsbau der Königin Mathilde – wurde die Vierung errichtet. Die geringe Ausladung des Querhauses ergab sich aus dem Geländeabfall. Eine Krypta erhob sich anstelle der ältesten Burgkapelle, in der das königliche Paar bestattet lag. Die Kontinuität des geistigen Zentrums blieb gewahrt. Noch vor Abschluß der Osthälfte begann man vermutlich die Krypta bis in die Vierung vorzuziehen. Aus diesem Vorhaben stammt der Gewölberest, der immer wieder fälschlicherweise als «Nonnenempore» angesehen wird: Säulen mit Pilzkapitellen, die in der ottonischen Baukunst in Sachsen mitunter vorkommen, tragen altertümliche Tonnengewölbe mit Stichkappen. In dem letzten Bauabschnitt hat offenbar auch eine Verlagerung der kostbaren Reliquien stattgefunden, denn der Stufenraum mußte ja ebenfalls dem Neubau weichen. So werden die beiden tiefen Schächte in der Krypta als «Heiligenschächte» gedeutet, in denen die Reliquien unter den Altären (Laurentia und Stephana) sicher aufbewahrt werden konnten. Die Weihe der fertiggestellten Stiftskirche vollzog 1021 der Bischof von Halberstadt im Beisein Heinrichs II. Für die städte-

*Burgberg zu Quedlinburg. Ausschnitt
aus dem Stich von Merian*

bauliche Wirkung der ottonischen Quedlinburg wird mit entscheidend gewesen sein, daß kurz zuvor (1017) ebenfalls in Anwesenheit des Kaisers und «aller Bischöfe des Reiches» die Nonnenstiftskirche auf dem nahen Münzenberg geweiht worden war. Zusammen mit dem gleichfalls mit einem Stift ausgestatteten Königshof (Wipertikloster) mögen die locker verstreuten und dominierenden kirchlichen Baugruppen den nachhaltigen Eindruck einer weiträumigen sakralen Landschaft erweckt haben.

IV. Nach der etwa hundertjährigen Herrschaft der Ottonen gelangten 1024 die Salier an die Macht. Obwohl sich damit das politische Schwergewicht von Sachsen an den mittleren Rhein verlagerte – der Dom zu Speyer folgte der Bedeutung des Quedlinburger, entsprechend der vorangeschrittenen Entwicklung großartiger –, blieb die Stiftsburg Quedlinburg keinesfalls vereinsamt. Sie war ein oft umkämpftes Zentrum während des Investiturstreites zwischen Papsttum und weltlicher Zentralmacht. Denn vor allem die sächsischen Großen widersetzten sich dem Salier Heinrich IV. in hartnäckiger Weise: abwechselnd eroberten und besetzten die Parteien die Burg, um Für-

stenversammlungen und große Kirchentage abzuhalten.

Im Jahre 1070 hatte eine große Feuersbrunst die mächtige ottonische Basilika samt Stiftsgebäuden völlig zerstört. Doch angesichts der hohen Bedeutung der Burg war man offenbar sofort an einen Neubau herangegangen, denn bereits 1079 konnte der vom Papst gegen Heinrich IV. aufgestellte Gegenkönig Rudolf von Schwaben mit viel Gepränge das Osterfest in Quedlinburg feiern. So erhoben sich bald neue palasartige Unterkunftsgebäude, und die Befestigungen wurden wegen der politischen Wirren erheblich verstärkt und laufend den kriegstechnischen Bedürfnissen angepaßt. Weitere Mauertürme entstanden, und eine riesige, turmverstärkte äußere Ringmauer wurde um den Burgberg herumgelegt. Auf den Resten dieses Verteidigungsgürtels erheben sich heute die Fachwerkhäuschen unterhalb des Berges. Der vierte (heutige) Kirchenbau bildete das sakrale Zentrum und damit den architektonischen Höhepunkt der Stiftsburg hochromanischer Zeit. In ihrer Pracht und Wehrhaftigkeit verkörpert sie den vollentwickelten Feudalismus auf dem Gipfel seiner ökonomischen und politischen Macht, insbesondere das salische Kai-

Burgberg zu Quedlinburg.
Grundrisse der Entwicklungsabschnitte
(nach H. Wäscher)

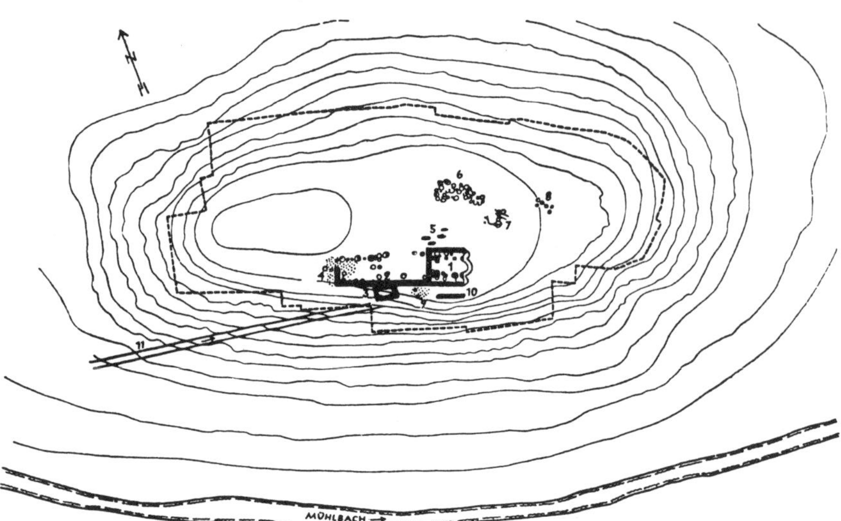

a) Bauten des Vor- und Frühmittelalters

1 erster Kirchenbau vor 936, 2 Mauer einer langen Halle, vermutlich aus vormittelalterlicher Zeit, 3 Wegekapelle, 5 Reste eines fränkischen Friedhofes, 11 Spuren des ältesten Burgaufganges (Pfostenlöcher, Kellergruben, Lehmfußboden- und Fundamentreste)

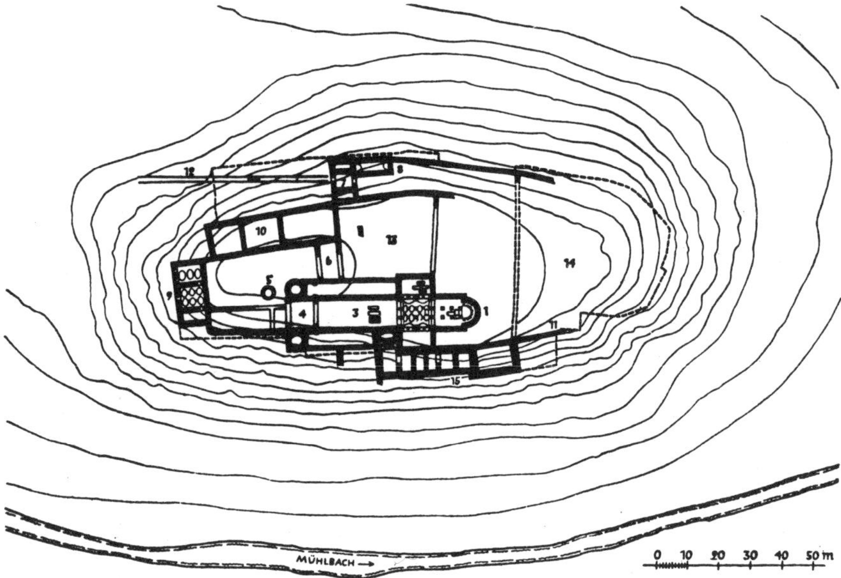

b) Bauten aus der Zeit der Königin Mathilde (gest. 968)

1–3 zweiter Kirchenbau (2 Erweiterung durch Mathilde, 3 Stufenraum), 4 Wegekapelle, 6 Sperrmauer, 8 Reste einer Fußbodenheizung, 9 Westpalas (Kemenate), 7, 10, 11, 12, 14, 15 Wehr- und Trennmauern der Burg, 13 Turmunterbau

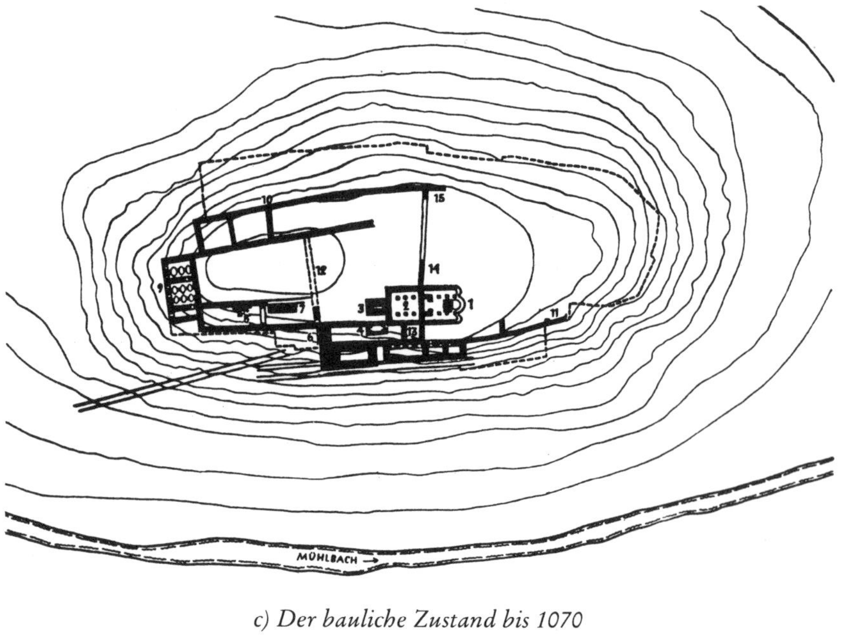

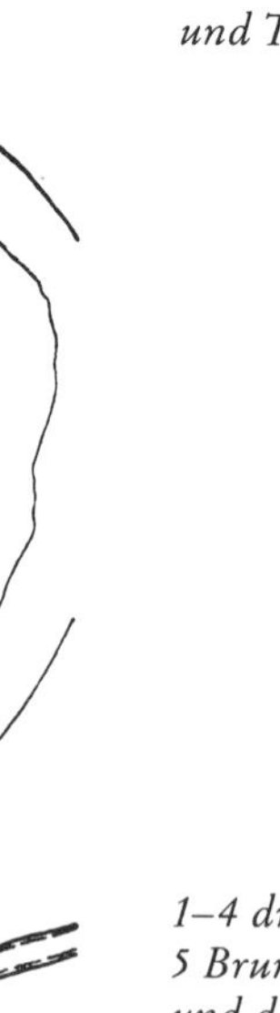

c) Der bauliche Zustand bis 1070

1–4 dritter Kirchenbau (Schlußweihe 997), 5 Brunnen, 6 Trennungsbau zwischen dem östlichen und dem mittleren Innenhof, 7 nördlicher Torbau, 8 Wachhaus, 9 Westpalas, 10 nördliche Wohnbauten, 11 südliche Ringmauer, 12 neuer Aufgang zur Burg, 13 mittlerer Innenhof, 14 östlicher Innenhof, 15 Quertonnenbau der Südterrasse

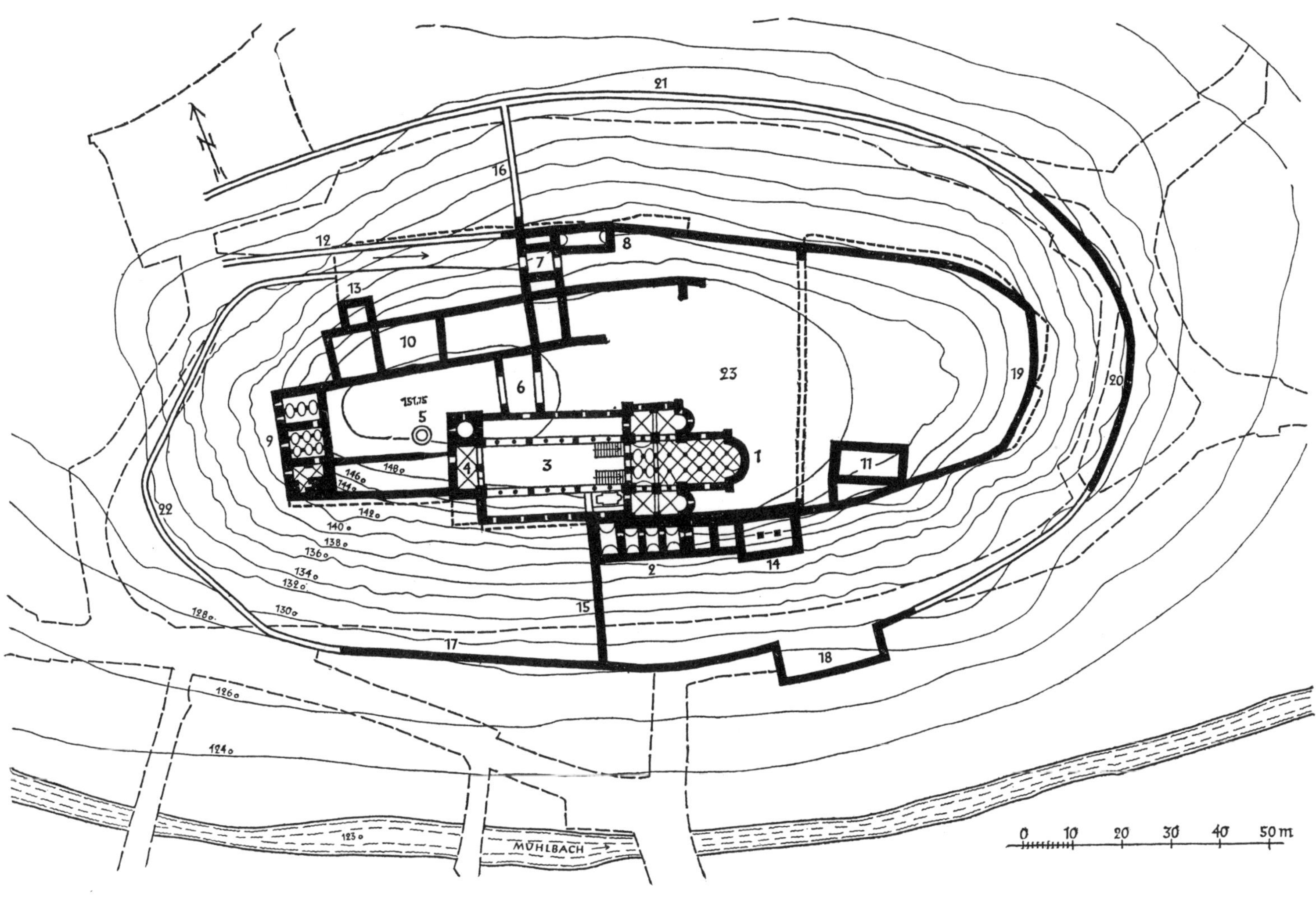

Burgberg zu Quedlinburg.
Lageplan der Stiftsburg im 13. Jahrhundert (nach H. Wäscher)

1, 3 und 4 Stiftskirche, 2 und 14 Substruktionen der Südseite,
5 Brunnen, 6 Verbindungsbau vom Nordflügel zur Stiftskirche,
7 Toranlage, 8 Wachhaus, 9 Westpalas, 10 nördlicher Wohnflügel,
11 Unterbau einer Kapelle, 12 Wehrmauer entlang dem Burgweg,
13 Mauerturm zur Verteidigung des Burgweges,
15 Sperrmauer am Südabhang, 16 Sperrmauer am Nordabhang,
17, 18, 20–22 äußere Ringmauer, 19 innere Ringmauer der Ostseite
mit Resten eines Mauerturmes, 23 mittlerer Innenhof

sertum. Um diese Zeit erreichte das Stift die größte Ausdehnung seines Grundbesitzes, der sich über weite Teile des Reiches erstreckte.

Die Stadt Quedlinburg, bereits vor 1179 von einer Mauer umgeben, war zu einem reichen Wirtschaftsorganismus herangewachsen. So waren für den Neubau einer prächtigen, in ihrer Epoche und für Sachsen neuartigen Stiftskirche auch die materiellen Voraussetzungen vorhanden. Die ersten Eindrücke über die klar gestaffelte, den Burgberg bekrönende Basilika wurden eingangs vermittelt. Das sehr einheitlich wirkende Bauwerk dürfte wohl in einem Zug hochgeführt und in relativ kurzer Zeit fertiggestellt worden sein. Dies ergeben die Bauuntersuchungen von Hermann Wäscher, der annimmt, daß die Weihe von 1121 durch die kriegerischen Wirren so weit hinausgezo-

gen wurde. Komplizierter wird die Baugeschichte, wenn man – nach Überlegungen der Kunstgeschichte – sich vorwiegend an der Ornamentik orientiert. Grundsätzlich lassen sich zwei stilistisch verschiedene Abschnitte feststellen: die Krypta und die Oberkirche. Lediglich die Bauabfolge – erst Krypta und dann Oberkirche oder umgekehrt – findet verschiedene Auslegungen, ebenso die Frage, ob der Bau sofort einsetzte und vor 1100 fertig war oder ob er nach einer längeren Verzögerung erst um 1100 begann.[22]

Die hochromanische Stiftskirche erhebt sich über den abgebrochenen Fundamenten der spätottonischen (dritten) Kirche. Nur geringfügig wurde die Achse verschoben. Von den kantigen Wehrtürmen ist nur der nördliche ursprünglich; in seinem Inneren stecken noch Reste des ottonischen Rundturmes. Der schon damals geplante, aber wegen der Schwierigkeit des abfallenden und unsicheren Felshanges ursprünglich nicht aufgeführte Südturm vervollkommnet den Eindruck des Gesamtbaues erst seit 1882.

Der Bau wurde allem Anschein nach im Osten begonnen. Die vielsäulige Krypta erhob sich an der Stelle der ottonischen Krypta, die der Burgkapelle und ihrer Erweiterung, der (zweiten) Stiftskirche der Königinwitwe Mathilde, gefolgt war. So blieb die könig-

lem in der prachtvollen Bauornamentik. Während die frühe Romanik monumental und schlicht baute, setzt seit dem ausgehenden 11. Jahrhundert in Deutschland die Vorliebe für den ornamentalen Schmuck ein. Diese Entwicklung vollzog sich in Etappen und erhielt durch verschiedene Impulse Anregungen, vor allem aus Oberitalien. Die führende Kraft war die Zentralgewalt, personifiziert durch die Kirche und die ihr nahestehenden Reichsfürsten. Das befestigte Stift

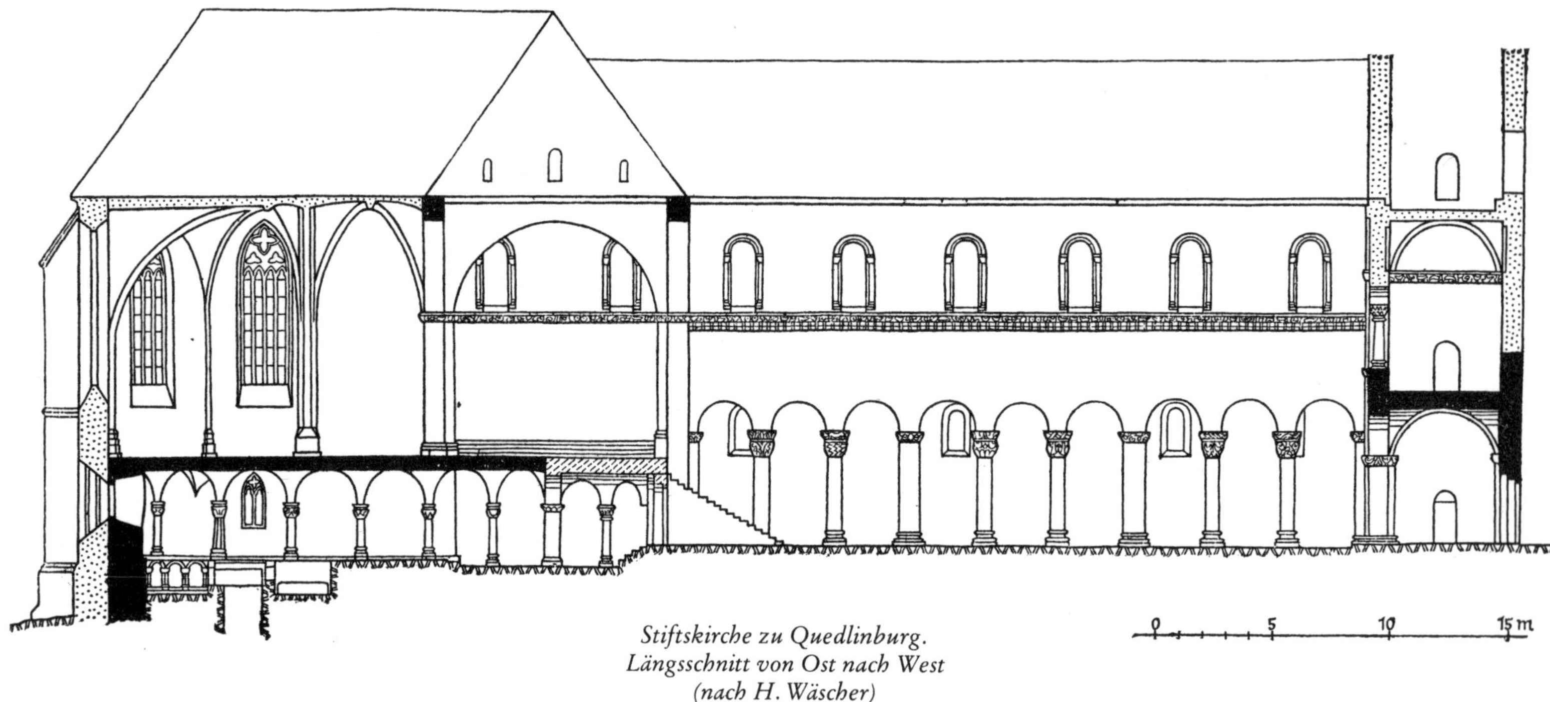

Stiftskirche zu Quedlinburg.
Längsschnitt von Ost nach West
(nach H. Wäscher)

liche Gruft als kultisches Zentrum bestehen, die «Confessio» aber war zugeschüttet worden, und die Säulen wurden bis an den Rand herangesetzt. Der Westteil, dessen Säulen mit ottonischen Pilzkapitellen die altertümlichen Stichkappengewölbe tragen, ist ein Rest der Vorgängerkirche. Die hochromanische Krypta, die wegen des felsigen Untergrundes ebenerdig liegt, ist von ungewöhnlicher Weiträumigkeit und mannigfaltiger Raumabstufung. Runde und mehreckige Stützen wechseln sich ab, massige Pfeiler setzen kräftige Akzente, so als Trennung der längsoblongen Seitenräume von der langgestreckten Mittelkrypta. Die bis in das Querhaus vorgezogene Krypta hebt die gesamte Chorpartie empor und verdeutlicht gleichfalls die besondere liturgische Bedeutung der Unterkirche.

Obwohl die Basilika durch ihre charakteristische Erscheinung großartig wirkt, liegt das Besondere nicht ausschließlich in der Raumfolge, sondern vor al-

Quedlinburg erlangte unter den salischen Herrschern im Stammesgebiet der sich widersetzenden Sachsen eine besonders wichtige politische Funktion. Das Bollwerk kaiserlicher Macht war nicht zufällig mit der Schwester Heinrichs IV., Adelheid II. (1063 bis 1095), als Äbtissin besetzt worden. Strategisch hatte die Stiftsburg in dem eilig errichteten Burgensystem im Harz, dem die mächtige Harzburg und die Lauenburg zugehören, wohl die zentrale Bedeutung in Gestalt eines in das feindliche Land vorgeschobenen Brückenkopfes. Während an den Kaiserdomen zu Speyer und Mainz eine Steigerung der Repräsentation durch die überlegene Prachtentfaltung italienischer Ornamentik unter Förderung Heinrichs IV. (1083) einsetzte, lassen sich Anzeichen für eine ähnlich gerichtete Tendenz bereits an der 1068 geweihten Domkrypta zu Bremen und an der offenbar von dort beeinflußten Liebfrauenkirche zu Magdeburg beobachten. Für diese Entwicklung spielt die neu entstehende

Stiftskirche zu Quedlinburg in Sachsen eine hervorragende Rolle. Die Mittel, die Basilika prachtvoll auszugestalten und zu gliedern, machen Einflüsse aus Oberitalien unverkennbar. Sie versinnbildlichen aber gleichzeitig die politische Absicht des Stiftes, sich zur Machtfülle des salischen Kaisertums zu bekennen.

Deutlich lassen sich, wie bei der Architektur, auch bei der Bauplastik zwei stilistisch verschiedene Komplexe erkennen. Die Kapitelle der Krypta sind im Gemotive nebeneinander Verwendung fanden. Oft verkannt wurden die verschiedenen korinthisierenden Kapitelle. Hier handelt es sich nicht um künstlerisch-chronologische Verschiedenheiten, sondern um Arbeitszustände wie Bosse (Taf. 42), halbfertiges (Taf. 43) und fertiges Kapitell (Taf. 44). – Die Ornamentik der Oberkirche ist im Gegensatz zur Krypta in ihrem formalen Aufbau bedeutend strenger. Die mächtigen Kapitelle lassen die herkömmliche Grund-

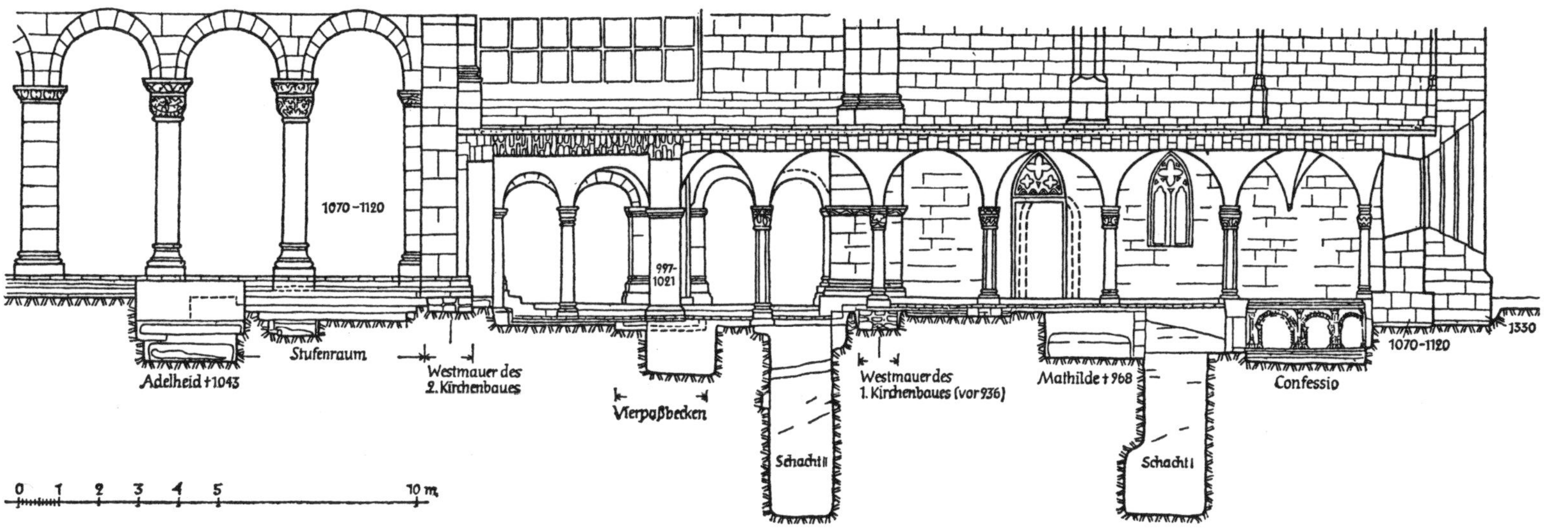

Längsschnitt von West nach Ost
durch den östlichen Teil des Langhauses und durch die Krypta
(nach H. Wäscher)

gensatz zur Oberkirche außerordentlich vielfältig. Korinthisierende Formen treten in verschiedenen Ausführungen auf, ebenso Volutenkapitelle mit kraftvollen Eckvoluten in Verbindung mit Trauben oder Palmettenranken. Zu einer weiteren Gruppe gehören mit Ranken verzierte Kapitelle, die in dreiblättrigen Palmetten auslaufen oder vegetabilisch frei verschlungen sind. Nur zweimal tritt figürlicher Schmuck in Erscheinung. Die Ecken eines Wandkapitells sind mit zwei Adlern besetzt, und ein zweites hat Eckmasken, aus deren Mäulern sich Schlangen winden, die die Masken wiederum in die Ohren beißen. Alle Formengruppen werden von einem anderen Kapitell in sich vereinigt. Aus dem Schaftring wachsen Löffelblätter hervor, denen größere Eckvoluten entspringen, die miteinander durch Flechtranken verbunden sind. – Die hohen Kämpferplatten sind entweder sehr reich profiliert, oder sie sind zweizonig ornamentiert, wobei Flechtbänder und Kerbschnitt-

form der Würfelkapitelle noch eindeutig erkennen. Die verschiedenen Motive – Eckmasken, Tiere, Akanthusblätter, Wellenranken und Flechtbänder – bedecken lediglich den Kapitellkern. Sie und die Friesbänder und Bogenumrahmungen sind in einem strengen, dekorativ linearen Stil gearbeitet. Der Unterschied wird vor allem beim Vergleich der Adlerkapitelle mit dem in der Krypta deutlich. Dieses hat der Steinmetz bei aller Vereinfachung lebensnaher gestaltet als die ornamentaler und versteinerter wirkenden Kapitelle der Oberkirche. Eine Zwischenstellung nehmen die Adlerkapitelle am Nordportal ein.

Die horizontalen Schmuckfriese weisen neben Weinranken und Palmetten eine Fülle von Phantasiedarstellungen auf. Alle sind stilisiert und flächig gehalten. Die Motive wechseln fortwährend und offenbar ohne inhaltlichen Zusammenhang. Schwer ist es, den Sinn dieser phantasievollen Formen und Ornamente zu deuten. Mehr wissen wir über ihre mittelbare und auch unmittelbare Herkunft. Seit langem sieht die Kunstgeschichtsforschung Italien als motivvermittelndes Kulturgebiet an. Die lebensvollere Formenwelt der Krypta speziell wird von S. Ambrogio in Mailand abgeleitet, wo ein verwandtes Adlerkapitell vorkommt, und von S. Savino in Piacenza. Hier hat Erwin Kluckhohn ähnliche Volutenkapitelle und zweigeteilte Kämpfer nachweisen können. Auf die Ornamentik der Oberkirche hat S. Abbondio bei Como eingewirkt. Deren Friesumrahmungen an den Chorfenstern kehren in Quedlinburg in abgewandelter, aber doch ähnlicher Weise überzeugend wieder, desgleichen das gedrehte Tau am Fenster und die Ranken mit Weinbeeren und pickenden Vögeln, auch der Fries mit den übereckgestellten Steinen und dem gedrehten Tau dazwischen. Ebenso finden sich in Como die eingestellten Fenstersäulen und die Säulengliederung der Außenwände. Die dortige Stiftskirche wurde 1095 geweiht. Deutsche Steinmetzen, die an diesem Bau geschult worden sind, werden der Quedlinburger Stiftskirche ihr prächtiges Aussehen verliehen haben. Der in so früher Zeit auf sächsischen Boden verpflanzte Formenreichtum fand vorerst bis auf die Ulrichskirche in Sangerhausen und die Klosterkirche zu Gröningen noch keine Nachfolge. Erst der zweite größere Einfluß italienischen Formengutes, durch die Klosterkirche von Königslutter vermittelt, fand seit der zweiten Hälfte des 12. Jahrhunderts vor allem in Sachsen eine weiträumige Verbreitung.

Die Aussagekraft der Quedlinburger Ornamentik und ihrer Verwendung verstärkt sich, wenn sie nicht nur nach ihrem formalen Wert eingeschätzt wird.[23] Aber als künstlerischer Ausdruck der Machthöhe salischen Kaisertums erscheint sie uns eindringlicher im Vergleich mit ähnlichen, bewußteren Bestrebungen an den Kaiserdomen zu Speyer und Mainz. Während in Quedlinburg bei den Vorgängerbauten das Sächsische betont wurde, wird jetzt eine Verlagerung auf das salische Kaisertum deutlich, was aus der geschichtlichen Situation heraus verständlich ist. Diese Erkenntnisse werden noch dadurch bestärkt, daß sowohl am Mainzer Dom als auch in Quedlinburg die frühesten Gewändeportale in Deutschland nach italienischen Vorbildern auftreten. Auch die Krypta der Stiftskirche deutet auf eine enge Verbindung mit salischer Machtdemonstration. Nach der Riesenkrypta des Kaiserdomes zu Speyer, die gleichfalls nach italienischem Vorbild bis unter das Querhaus vorgezogen wurde, entstand die in Quedlinburg als nächste solchen Ausmaßes. Aber wir haben es hier nicht bloß mit einer formalen Rezeption fremden Formengutes zu tun. Die nach 1083 für kurze Zeit zu höchster Machtfülle gekommene kaiserliche Zentralgewalt überführt mit den Formen aus dem mittelmeerischen Teil des Reiches Ideen, die als Rückgriffe auf das antike Imperium zu werten sind, ähnlich wie unter Karl dem Großen in der Pfalzkapelle zu Aachen oder unter Otto I. im Dom zu Magdeburg.

DER STIFTSSCHATZ

Der «Zitter», ein gemauerter Tresor aus spätromanischer Zeit im nördlichen Querhaus, birgt den Rest des ursprünglich reichen Kirchenschatzes.[24] Diese kleine, aber sehr wertvolle Sammlung liturgischer Kostbarkeiten haben Kaiser und Könige, Fürsten und Äbtissinnen hier zusammengetragen. Vor allem die Goldschmiedearbeiten – die Reliquienschreine Ottos I. (10. Jahrhundert) und Heinrichs I. (erste Hälfte 10. Jahrhundert) sowie kostbare Buchdeckel – künden von dem hohen Stand des Kunsthandwerkes am Nordharz. Bemerkenswert sind der mit Goldblech beschlagene «Äbtissinnenstab» – «Servatiusstab», vielleicht identisch mit dem Stab, den Kaiser Otto III. im Jahre 999 an die Äbtissin Adelheid durch Bischof Bezelin übereichen ließ –, der kunstvoll geschnitzte

Prunkkamm, Fläschchen aus Bergkristall und eine syrische Amphora aus Alabaster (wohl 6. Jahrhundert), monstranzenähnliche Reliquienbehälter und andere seltene Kostbarkeiten. – Das wertvollste Stück des Kirchenschatzes ist der wohl in ganz Europa einzige erhaltene kostbare Knüpfteppich. In fünf Querstreifen wurden allegorische Szenen der Hochzeit des Merkur mit der Philologie künstlerisch vollendet dargestellt. Der farbenprächtige Teppich, der ursprünglich die gewaltige Größe von 7,40 mal 5,90 Metern hatte, wurde von der kunstsinnigen Äbtissin Agnes von Meißen (1184 bis 1203) für den Papst als Geschenk bestimmt. Er blieb aber in Quedlinburg und ist für jene Zeit das einzige abendländische Beispiel der aus dem Orient stammenden Knüpfteppiche.[25]

DER DOM ZU MAGDEBURG

Magdeburg von Osten.
Kupferstich von Matthäus Merian.
Um 1650

VORGESCHICHTE

Magdeburg liegt am Nordrand des Harzvorlandes, dort, wo die Elbe am weitesten nach Westen ausbiegt. Bevorzugtes Siedlungszentrum ist seit alters die Domanhöhe, deren Felsbänke schon in frühester Zeit einen sicheren Übergang über den Fluß ermöglichten. Hier, am großen Elbknie, wo die von Westen, Süden und Norden kommenden Handelswege und Heerstraßen fächerförmig zusammenstießen, bestanden frühzeitig wichtige verkehrsgeographische und wirtschaftspolitische Voraussetzungen für die Bildung einer Siedlung im Raume der mittleren Elbe.

806 errichtete Karl der Große an der Elbe «contra Magadaburg» und am Ostufer der Saale bei der Salzsiedlung Halle Militärstützpunkte. Die sichernden Maßnahmen des Frankenkaisers deuten darauf hin, daß Magdeburg bereits ein wichtiger Verkehrsknotenpunkt war, von dem aus seit langem über weite Räume hinweg Warenaustausch stattfand. Hier an der Grenze zweier Völkerschaften wurde mit den Slawen und Awaren Handel getrieben, der jedoch die Ausfuhr von Waffen und Harnischen ausschloß. Offenbar ging dem fränkischen Grenzkastell ein älterer sächsischer Herrenhof voraus, der sich auf der Domanhöhe ausbreitete und vermutlich eine turmlose Rundburg war. Entweder verstärkten die Franken diesen bäuerlichen Herrenhof, oder sie errichteten an seinem Platz ein Militärlager mit einer einfachen Holz-Erde-Befestigung über einem rechtwinkligen Grundriß. Zwei Spitzgräben des karolingischen Kastells, die parallel von Süd nach Nord in leichtem Bogen verliefen, wurden auf dem Domplatz von Ernst Nickel freigelegt.[26]

Unterhalb der furtschützenden Befestigungen — und wohl auch südlich davon — lag im hochwassergefährdeten Elbvorland ein Grenzhandelsplatz. Auf diesem Kaufmannswik, einem von Fernhändlern periodisch besuchten Handels- und Umschlagplatz, gab es eine dem heiligen Stephan geweihte Tauf- und Pfarrkirche. Sie war von dem ersten Halberstädter Bischof namens Hildegrim auf Befehl Karls des Großen geweiht worden. Neben Hamburg, der uralten Salzsiedlung Halle und dem Missionszentrum Merseburg gehörte Magdeburg zu den strategischen Zentren der Elbe-Saale-Linie, die um 800 die Ostgrenze des frühfeudalen Frankenreiches bildete.

Unter den sächsischen Kaisern (919 bis 1024) wurde der vorstädtisch-karolingische Grenzhandelsplatz zu einer der ersten Metropolen des damaligen christlichen Abendlandes. Das mit der schwindenden Macht der Karolinger erledigte Militärkastell am östlichen Punkt der mittleren Elbe, dessen Hinterland der in Ostfalen zusammengeballte ludolfingische Grundbesitz war, bot sich als Hauptsitz dem seit dem ausgehenden 9. Jahrhundert erstarkenden Feudalgeschlecht an. Otto I. erhob den strategisch ungemein günstig gelegenen Ort zum Mittelpunkt und zur Ausgangsbasis für seine weitgespannte Expansionspolitik. Von hier aus «betrieb (er) die Unterwerfung des sich formierenden polnischen Staates ebenso wie die Missionierung des fernen Kiewer Reiches, wo er versuchte, dem byzantinischen Kaiser zuvorzukommen» (Ernst Schubert). Der Kaiser verbrachte entscheidende Jahre vor seinem Regierungsantritt in dieser Pfalz, die nach 937 den Charakter einer festen Residenz nach dem Vorbild des fränkischen Kaisersitzes zu Aachen annahm.

Ähnlich wie in Quedlinburg, Merseburg und auch Nordhausen wurde das Ansehen der Königspfalz dadurch erhöht, daß ein geistliches Stift in ihren Mauern entstand. 937 gründete Otto zur Seelsorge seiner Familie und als standesgemäße Grablege das Benediktinerkloster St. Mauritius. Er stattete es mit besonderen Rechten aus und wies ihm außer reichem Grundbesitz und Regalien wichtige Teile der eigenen Pfalz zu. 941 wurde die Pfarrkirche St. Johannis («plebeia ecclesia») dem neuerrichteten Kloster zugeordnet. Es erhielt im Jahre 965 Markt, Münze und Zoll der inzwischen wirtschaftlich erstarkten Kaufmannssiedlung, die der König zuvor vom Elbvorland auf das sichere Hochufer verlegt hatte. Bereits 961 übereignete Otto I. den Mönchen den Kirchenzehnt des Gaues Neletici (ungefähr das Gebiet des Saalkreises bei Halle) sowie in einer zweiten Urkunde «neben Besitzungen im Helme-, Nordthüring- und Nudzicigau den gesamten Gau Neletici mit allem Zubehör und namentlich Giebichenstein mit seiner Salzquelle».

Magdeburg entwickelte sich in der folgenden Zeit zum Hauptzentrum des expansiven Feudalismus. Nachdem Otto 948 die Slawenbistümer Havelberg und Brandenburg ins Leben gerufen hatte, gelang es ihm erst 968 mit Einverständnis des Papstes – jedoch gegen den zähen Widerstand des Erzbischofs Wilhelm von Mainz und des Bischofs Bernhard von Halberstadt –, das Erzbistum Magdeburg mit den drei Suffraganbistümern Meißen, Merseburg und Zeitz zu gründen. Erster Erzbischof wurde ein in der Slawenmission erfahrener Benediktinermönch, nämlich Adalbert aus Trier. Der kaiserliche Stifter erhob das neu geschaffene Erzstift, das den Charakter eines Staatsheiligtums trug, zu einzigartiger Größe, indem er die Geistlichkeit an Zahl und Rang der der Kirche des Papstes in Rom gleichsetzte. Die bemerkenswerte Tatsache, daß der höchste kirchliche Würdenträger

den Klerikern an der· kaiserlichen Domkirche zu Magdeburg den Kardinalsrang bewilligte, läßt die hervorragende Bedeutung des weit nach Osten vorgeschobenen Missionszentrums für die weltweiten Ziele der mittelalterlichen Kirche erkennen. Ihr, aber gleichzeitig der Demonstration kaiserlicher Würde und Macht dienten zwölf Kardinalpriester, sieben Kardinaldiakonen und 24 Kardinalsubdiakonen. Mit dem System von Bistümern hatte der Kaiser, der sich für seine politischen Ziele hauptsächlich des hohen Klerus bediente, die notwendige Mithilfe der ausgeprägten kirchlichen Organisationen gewonnen. Dadurch war es ihm möglich, seine Ostexpansion weit über die fränkische Elbe-Saale-Linie vorzutreiben.

In ottonischer Zeit war Magdeburg wohl eine frühstädtische Siedlungslandschaft, aber noch keine Stadt im eigentlichen Sinne. Domburg, Marktsiedlung und Burggrafenburg erhoben sich auf den höchsten Plätzen nahe dem Hochuferrand; im nahen und weiten Umkreis lagen verstreut sakrale und weltliche Siedlungskomplexe. Der Markt, dessen Befestigung wohl unter Erzbischof Gero (1012 bis 1023) vollendet wurde, stand in völliger Abhängigkeit von der mächtigen Domburg. Sie war das militärische, politische und geistige Zentrum der weiträumigen Siedlungslandschaft.

Über das Aussehen der sächsischen Königspfalz und des 937 daraus hervorgegangenen Moritzklosters ist noch immer wenig bekannt. Wichtige Teile der Pfalz, die sich mit einem Wirtschaftshof für das Naturalgefälle auf der späteren Domanhöhe ausbreitete, waren wohl eine Pfalzkapelle – vielleicht nach Aachener Vorbild? – und das Palatium. Die Fundamente von imponierender Dimension und Gestalt – die mächtige Eingangskonche des Westbaues geht offenbar auf oströmisch-byzantinisches Vorbild zurück – wurden 1960 nördlich des Domes durch Ernst Nickel freigelegt. Das Moritzkloster dürfte im wesentlichen über das Ausmaß der Pfalz nicht hinausgegangen sein. Offensichtlich übernahm nach 968 das Erzstift die halbfertigen Bauten und führte sie weiter. So war das hochdotierte Familienkloster nicht nur kirchenpolitisch-organisatorisch, sondern auch baulich Keimzelle des längst geplanten Bischofssitzes. Noch heute hebt sich die Domburg als Siedlungskern deutlich aus dem Stadtgrundriß heraus.

Bedeutsame Grabungen von 1926 nach dem ottonischen Dom bestärkten die Auffassung über den Vorgängerbau der gotischen Kathedrale und brachten beachtliche Teile einer turmflankierten Ostkrypta zutage. Neuere Forschungen haben die Entstehungszeit dieses Bauwerkes, das bisher auf Kaiser Otto zurückgeführt wurde, umdatiert und die gesamte Baugeschichte in Zusammenhang mit den älteren Funden, überkommenen Spolien und urkundlichen Nachrichten neu geschrieben.[27] Es ergibt sich nun folgendes Bild: Otto I. errichtete – wohl im Hinblick auf das geplante Erzbistum – eine großartigere, geradezu kathedralhafte Klosterkirche als königliche Begräbnisstätte. Es ist möglich, daß er dabei ältere Teile einer «nova basilica»[28] von 946 mit einbezog. Die langgestreckte, dreischiffige Säulenbasilika hatte ein Querschiff mit einem Ostchor, den zwei Rechtecktürme flankierten. Darunter lag die weiträumige fünfschiffige Krypta mit einer hufeisenförmigen Apsis, in deren Innenwand fünf Rundnischen ausgespart waren. Die noch erhaltenen, im Inneren durch Lisenen gegliederten Umfassungsmauern haben eine Stärke von über drei Metern. Schmale Gänge führen in die stollenartigen Grabkammern unter den viereckigen Türmen; in der nördlichen Grabkammer wurde die 946 verstorbene Königin Editha bestattet, daneben befand sich die Grabanlage Ottos I.

Der reichen Ostpartie entsprach ein Westquerschiff mit Westchor und Krypta oder mit einem Westwerk. Davor lag ein Atrium mit einem bisher als Tauf- und Pfarrkirche gedeuteten Achteckbau, der sich in der Achse des Domes erhob. An der Südseite entstanden um einen Kreuzgang die Klausurbauten. Der Bau, den Otto I. persönlich förderte, wuchs nach dem Sieg über die Ungarn und Slawen großräumig in die Höhe und wurde Vorbild baukünstlerischen Schaffens weit über die Grenzen Sachsens hinaus. Reich gruppiert und bipolar ausgewogen, überragte die anfangs ungekrönte Kathedrale die ökonomisch aufstrebende und ständig wachsende Siedlungslandschaft auf dem Elbhochufer. Wehrhaft erhoben sich die Ostchortürme, die als Teile der Dombefestigungen dienten. Von ungewöhnlicher Pracht war das Innere: Antike Säulen aus Marmor, Porphyr und Granit mit spätrömischen Kapitellen trugen die Arkadenwände des Langhauses, die mit Bildern aus dem Leben Christi von der Verkündigung bis zur Himmelfahrt geschmückt waren. Die antiken Spolien im gotischen Neubau – ebenso der kostbare ravennatische Mosaikboden im Mittelraum der ottonischen Krypta – wurden nicht nur wegen ihres materiellen und künstlerischen Wertes wieder verwendet. Otto I. hatte die kostbaren Spolien 962 über die Alpen bringen lassen, um der Bedeutung seines Kaisertums – ebenfalls nach Aachener Vorbild – symbolisch Nachdruck zu verleihen. Er stellte es damit ebenso wie Karl der Große in die Tradition der römischen Cäsaren. Karl hatte seiner Pfalzkapelle, die sich als Bautyp der Hofkirche des oströmischen Kaisers Justinian zu Ravenna anschließt, gleichfalls mit antiken Baugliedern einen machtpolitisch repräsentativen Charakter verliehen.

Zu Lebzeiten Ottos I. ist der Dom, in dem er 973 bestattet wurde, nicht vollendet worden. Der Bau wurde in der ersten Hälfte des 11. Jahrhunderts von den Bischöfen Tagino, Gero und Hunfried fortgesetzt und erweitert, obwohl die kirchlich-politische Bedeutung Magdeburgs durch den Großen Slawenaufstand von 983 und durch die Errichtung neuer Bistümer im Osten zurückging.

Der baugeschichtliche Ablauf stellt sich nach Ernst Schubert wie folgt dar: Die prachtvoll ausgestattete dreischiffige Basilika dürfte noch während der Regierungszeit Otto I. errichtet worden sein, ebenfalls der Westbau einschließlich der als Taufkirche dienenden Rundkapelle St. Nicolai. Die Ostteile der älteren Kirche blieben vorerst erhalten – vielleicht aus Pietät gegenüber der Grabstelle seiner ersten Gemahlin Editha. Erst nach Ottos Tod wurden die Ostteile, die offenbar nicht mehr den liturgischen und repräsentativen Erfordernissen entsprachen, «größer und angemessener» ausgeführt. Mit seinem Amtsantritt begann Erzbischof Tagino (1004 bis 1012) den Neubau einer Krypta, die 1008 geweiht wurde. Seine Nachfolger Walthard und Gero führten den Chorumbau fort, bis Erzbischof Hunfried (1023 bis 1051), der hernach die Krypta nach Westen zu erweiterte, den gesamten Chor «größer und passender (an die Kirche) anfügte» und vollendete. Die Weihe der Krypta im Jahr 1049 erfolgte am 8. Juli, dem Tag des heiligen Kilian, an dem die Überführung der verstorbenen Kaiserin Editha traditionsgemäß im Magdeburger Dom gefeiert wurde.

Entsprechend den Verhältnissen des Mittelalters war der Sitz des Erzbischofs, der mit seinen ebenfalls dem Adel entstammenden Geistlichen eine Feudalgewalt von weitreichender Macht darstellte, eine Domburg. Zu ihr gehörten neben dem kaiserlichen Palas und der erzbischöflichen Residenz die mächtige Befestigung, zahlreiche Domherrenhöfe und Kapellen. Die turmreiche Kathedrale bildete schließlich den Mittelpunkt der imponierenden Baugruppe. Offenbar dienten ihre Türme auch als Wehrbauten und in Notzeiten als bergfriedartiger Rückzugsort. So mußte 1129 Erzbischof Norbert von Xanten vor einem Volksaufstand «in einen Wehrturm, den Kaiser Otto an Stelle eines Kirchturms erbaut hatte», flüchten. Diese von Zeitgenossen oft bewunderte Magdeburger Domburg war fast zweihundertfünfzig Jahre lang eine «Stätte glänzenden und erlauchten Lebens», bis 1207 zum Osterfest ein verheerender Stadtbrand fast den gesamten Baukomplex vernichtete. Die magdeburgische Schöppenchronik berichtet: «Am stillen Freitage zu Mittag, als man das Kreuz errichtete, erhob sich ein Feuer auf dem Breitenwege und die Flammen flogen auf den Dom und verbrannten Münster, Türme, Remter und alle Glocken fielen außer einer kleinen ... Ein Balken fiel auf den Hochaltar, daß er zerbrach.»

DIE GOTISCHE KATHEDRALE

Die dem ottonischen Dom nachfolgende gotische Kathedrale erhebt sich am Südrand der heutigen Altstadt. In dem bürgerlich-gotischen Stadtorganismus liegt die Domburg schon nicht mehr im Zentrum des Verkehrs, sondern östlich des Breiten Weges. Diese Nord-Süd-Magistrale war – eine bedeutende städtebauliche Maßnahme – von Erzbischof Wichmann (1152 bis 1192) angelegt worden.

Steil und langgestreckt ist der Riesenleib der Kathedrale, einer dreischiffigen kreuzförmigen Basilika mit mächtiger Westfassade. Er schiebt sich bis an die Ufermauern der ottonischen Domburg und war einst an der Nordseite des Chores durch einen Übergang mit dem Palas des Erzbischofs verbunden. Im Süden bildeten die damaligen Klausurgebäude den Kreuzgang, im weiteren Umkreis lagen die Kurien der Domherren sowie zahlreiche Kapellen und die großen geistlichen Stifte. Majestätisch mutet der frühgotische Chor an. Aus den kompakten Baumassen des Chorumganges mit Kapellenkranz und dem darüberliegenden Bischofsgang hebt sich der Hochchor mit einer Ziergalerie steil und befreiend heraus. Ihn flankieren mit den Querhauswänden parallel verlaufende halbhohe Osttürme. Mächtige Vierecktürme – dazwischen ein Turmhaus – schließen die gesamte Baugruppe nach Westen ab. An den Arkaden des Kreuzganges erlebt man am eindringlichsten die hierarchische Ordnung, in der die sich emporschichtenden Mauerkuben, Giebel und Bogen kraftvoll von dem monumentalen Turmpaar gleichsam zusammengenommen und emporgetragen werden.

Ein riesiges Gewändeportal beherrscht die Westfassade. Durch die Turmhalle – den späteren Grabchor des Erzbischofs Ernst von Wettin – gelangt man in das Langhaus der hochgotischen Basilika. Überwältigend ist das Innere. Steil und langgestreckt reckt sich das rippengewölbte Mittelschiff, parallel dazu liegen die tief ausbuchtenden Räume der niedrigeren Seitenschiffe. Der Blick wird zugleich in die Höhe und in die Tiefe des gewaltigen Raumes gezogen. Der wandhafte, strenge Raummantel, der im Gegensatz zu französischen Bauten in drei Zonen gegliedert ist, lastet auf mächtigen Bündelpfeilern. Sie und die Konstruktion der gewölbetragenden Dienste sind von noch romanisch anmutender Herbheit. Zurückhaltend und dabei doch kraftvoll betonen Profile und Ornamentzonen die Gelenkstellen. Während die schmaloblongen Joche des Hochraumes in dichter Folge nach Osten eilen, gleichen die in ihrem Schwung gemäßigteren weiten Arkaden diese architektonische Bewegtheit wieder aus. Ein mächtiges Querhaus schiebt sich zwischen das Langhaus der Laien und den Hohen Chor des Klerus. Das Allerheiligste, dessen Ausdruckskraft in seiner Wirkung durch reichgeschnitztes Chorgestühl, zahlreiche Bildwerke und den schlichten Stucksarg Ottos des Großen gesteigert wird, schließt eine spätgotische Lettnerwand ab. Das Innere des Hohen Chores lastet ungotisch schwer und statisch. Abgestuft bauen sich drei von Wandöffnungen durchbrochene Hauptzonen auf: Gedrungen führt zu ebener Erde ein überwölbter dämmriger Umgang um den Hochchor; um

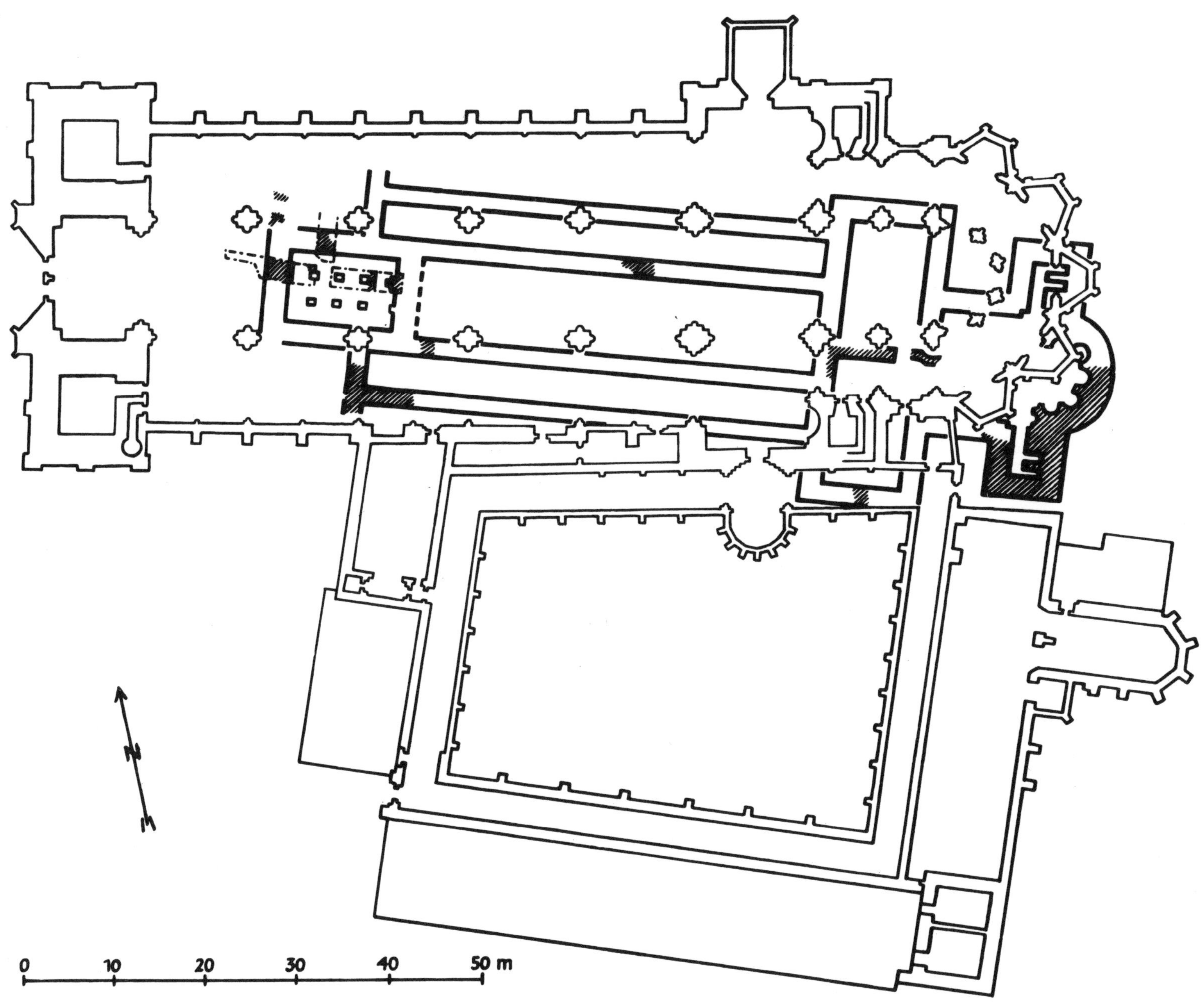

*Magdeburg. Grundriß und Lage
des ottonischen Domes im
Bereich des gotischen Domes
(nach E. Schubert)*

ihn legt sich ein Kranz von fünf auskragenden Kapellen, die als Stationen für den aufwendigen Wandelgottesdienst dienten. Die mittlere Zone bildet der Bischofsgang mit seinen wulstgegliederten und verklammerten Arkaden. Darüber erhebt sich freier die Fensterzone mit weiten Glaswänden und schmaler Mauerstruktur. Weitgehend hemmt diese monumentale Horizontalschichtung die Wirkung der vertikalen Gliederung der gebündelten und der einfachen Dienste. Die Anordnung und Reihenfolge der architektonischen Glieder und Formen verleiht dem riesigen Steingehäuse des Hohen Chores mit seinen Ausmuldungen ein spannungsgeladenes und in seiner Art einmaliges Aussehen. – Dem Betrachter offenbaren sich in den hier verwendeten unterschiedlichen Stilelementen die vielschichtigen Auseinandersetzungen zwischen sozialen und künstlerischen Kräften: zwischen dem international denkenden feudalen Bauherrn, dem aufstrebenden Bürgertum sowie dem konservativen Domkapitel; zwischen den über lokalen Traditionen stehenden Bauhütten und den nach landschaftsgebundenen Möglichkeiten in technisch-künstlerischer Hinsicht suchenden örtlichen Kräften. Nicht klassisch ausgewogen oder schön im Sinne der Kathe-

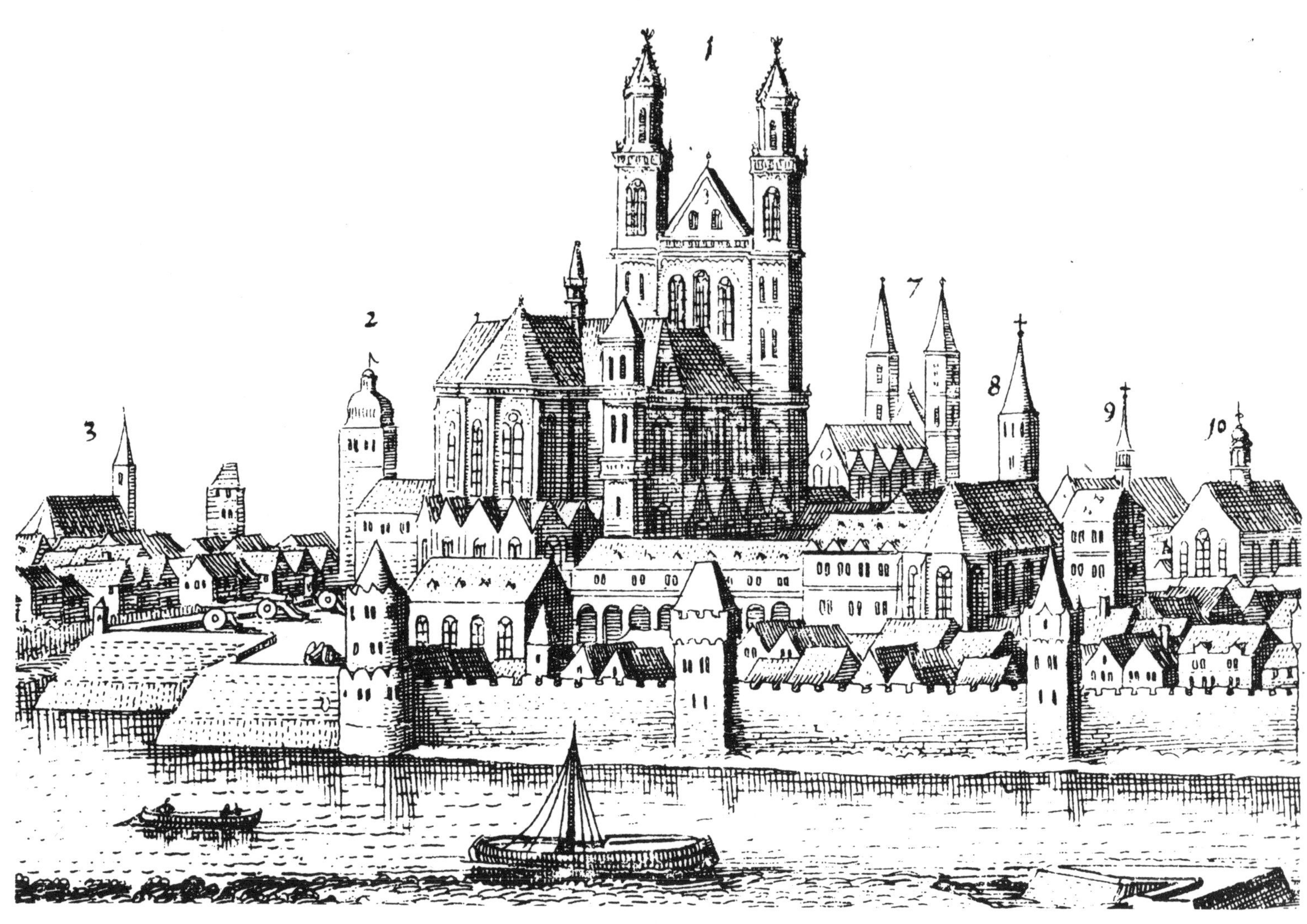

*Der Dom zu Magdeburg. Ausschnitt
aus dem Stich von Merian*

dralgotik Frankreichs, aber großartig und lebensvoll als Zeugnis geistigen Ringens steht der Dom vor uns.

Aber er ist nicht nur ein Denkmal feudal-sakraler Weltanschauung. Dem akademisch geschulten aristokratischen Wollen steht ein volkstümlich-landschaftsgebundener Zug gegenüber. Er offenbart sich in dem «Hineinbasteln» der kostbaren Spolien, Reliefs und Statuen in die Wände des Hohen Chores. Er wird deutlich in der hohen Könnerschaft der Steinmetzen und ihrer einmaligen Phantasie bei der Schaffung der Innenportale und Kapitellzonen im Dunkel des Chorumganges. Hier formt sich das gebändigte Chaos zu dämonenhaften Fratzen und Grimassen, die sich der von der mittelalterlichen Unwissenheit und von Aberglauben gepeinigte Steinmetz von der gequälten Seele «gemeißelt» hat. Dort bilden sich in gedrängter Fülle oder in lockeren Darstellungen Begebenheiten aus der biblischen Geschichte oder verblüffend realistisch ein kapuzenbekleideter Mann,

der gegen einen Wolf kämpft. An anderer Stelle formte der Steinmetz dämonische Wesen oder den Satan, der auf einer Schlange sitzt, und andere grausig-drollige Dinge. Die Menschenbildnerei steigert sich bis zu dem bärtigen Kopf eines Mannes mit einer phantastischen Kopfbedeckung und spannungsvoll-unregelmäßigen Zügen. Man glaubt, das Porträt des Hauptmeisters selbst vor sich zu haben und in seinem verkniffenen, gequälten Gesicht eine ganze «seelische Landschaft» zu erleben. Diesem Bildnis asketischer Strenge mit schmalen Lippen und starrem Blick setzt ein anderer Meister einen schönlinigen Stil entgegen, so in dem bärtigen Kopf eines jugendlichen Propheten mit fast lächelndem Mund oder in einem schmalen Mädchenantlitz mit edlen Gesichtszügen und gewelltem Haar. Mit dem Reichtum verschlungener Formen und oft unergründlicher Motive gehört die Kapitellornamentik des Chorumganges zu den besten Leistungen spätromanischen Bauschmuckes.

In der europäischen Kunstgeschichte nimmt der Dom zu Magdeburg einen besonderen Platz ein, da er an der ehemaligen Ostgrenze des Reiches als der erste Großbau der Gotik auf deutschem Boden entstand. Während er errichtet wurde, baute man in den Gebieten, die Frankreich, dem Ursprungsland des gotischen Stils, näher lagen, jahrzehntelang noch romanisch. Vor allem am Rhein gab es im frühen 13. Jahrhundert den Höhepunkt einer spezifisch deutschen Spätromanik. In Magdeburg jedoch begann der neueingesetzte Erzbischof Albrecht II. von Käfernburg (1205 bis 1232) nach französischem Vorbild zu bauen. Allerdings war die Verwirklichung seiner Baupläne mit mancherlei Schwierigkeiten verbunden. Es fehlten vor allem Bauleute, die an gotischer Architektur geschult waren. Im Gegensatz zu der im Prinzip einfachen mauerhaften und balkengedeckten romanischen Architektur stellte die «Skelettbaukunst» der Gotik einen außergewöhnlichen technischen Fortschritt dar, der hochentwickelte Produktivkräfte voraussetzte. Neben mehrmaligen Planänderungen, die den Wechsel der Bauhütten zur Folge hatten, führte auch die noch immer spürbare landschaftsgebundene Vorliebe für das romanisch Einfache und Schwere zu einer problemreichen Uneinheitlichkeit des Bauwerkes, insbesondere der hochinteressanten Ostpartie. Obwohl über dreihundert Jahre vergingen, ehe der Dom vollendet war – er entstand unter längeren Stockungen von 1209 bis 1520 –, hat er in seiner Gesamtheit als sächsische Kathedrale eine stark romanische Grundstimmung behalten. Im Gegensatz zu der benachbarten Bischofskirche zu Halberstadt, die unter den Bauten unserer Landschaft allerdings eine besonders eigenwillige französisch-gotische Grundhaltung erkennen läßt, wurde in Magdeburg vor allem auf das Gerüstsystem der Strebebögen und weitgehend auf viele der üblichen Schmuckformen verzichtet, die die bereits auf ein Minimum beschränkte Mauersubstanz optisch noch verunklären. Klar gegliedert reckt sich der Riesenleib des Domes empor und repräsentiert das Ansehen des frühen Erzbistums und die hochgespannten, jedoch nie erreichten politischen Ziele der sächsischen Kaiser. Die Macht der Erzbischöfe war bereits im Abklingen, als sie ihr mit dem großartigen Dom ein Denkmal setzten. Denn das 13. Jahrhundert war erfüllt von Auseinandersetzungen mit dem Bürgertum, das dem geistlichen Stadtherrn Schritt um Schritt seine überalterten Rechte abrang. Die Tatsache, daß der Dom ehrgeizige machtpolitische Ziele seiner Erbauer demonstriert, wird bereits aus der Vorgeschichte des Baues deutlich.

Der verheerende Stadtbrand am Karfreitag, dem 20. April 1207, hatte den doppelchörigen und viertürmigen ottonischen Dom schwer beschädigt. Sicherlich wäre das ausgebrannte Gotteshaus wieder herzustellen gewesen. Die Schöppenchronik berichtet: «In demselben Sommer ließ der Küster von Oppin die Wände niederreißen, obwohl das gegen die Meinung vieler Leute war, denn sie hätten noch wohl gestanden.» Außerdem stellten zahlreiche Kirchenfürsten und andere Herren, die zur Amtseinsetzung Albrechts II. in den Mauern der Stadt weilten, ihre finanzielle Unterstützung für einen Wiederaufbau in Aussicht. Aber der neue Erzbischof, eine autokratisch herrschende Persönlichkeit, setzte seinen ganzen Ehrgeiz darein, ein Gotteshaus nach dem Vorbild der gotischen Kathedralen zu errichten, wie sie in der Île-de-France riesig und skeletthaft in den Himmel wuchsen. Teile der älteren Anlage, des ottonischen Domes, wurden zunächst nur provisorisch als Notbau für den weiterzuführenden Gottesdienst hergerichtet, dann aber nach Beendigung des Chores und des Südquerhauses (1266) abgerissen. Das selbstbewußte Zuwenden des Erzbischofs zu den in der Gotik aufkommenden neuen Ideen und seine unbedingte Abneigung gegen das Alte stießen auf die Ablehnung des Domkapitels. Ihm zum Trotz ließ Albrecht II. die Achse des gotischen Schiffes gegenüber dem Vorgängerbau nach Norden verschieben. Durch diese Neuorientierung entstanden in der Folgezeit der unregelmäßige Kreuzgang, dessen spätromanischer Südflügel noch zu der ottonischen Anlage gehört, ebenso die Fundamente des Ost- und Westflügels. Der Erzbischof hatte mit dieser Maßnahme für alle Zeiten von vornherein unmöglich gemacht, daß bei der Anlage aus ökonomischen, vor allem aber aus traditionellen Gründen ein Wiedereinbeziehen des älteren Mauerwerks nach seinem Tod hätte erfolgen können. Kühn und großzügig konnte mit den erreichbaren technischen und künstlerischen Mitteln nach der Brandkatastrophe der Neubau, der für Deutschland eine neue baugeschichtliche Epoche einleitete, beginnen.

I. Von 1209 bis etwa 1213 wurden im ersten Bauabschnitt von einem deutschen Meister, der in Frankreich gelernt hatte, die unteren Mauern der Ostteile gesetzt und die vier Pfeiler des Chorhauptes hochgeführt. Man hielt sich im Grundriß an das französische Kathedralschema: den polygonal gebrochenen Chor mit einem Umgang und den daran anschließenden Kranz radial angeordneter Kapellen. Diese überreich ausgebildete Ostpartie ist – abgesehen von einem frühen Sonderfall, der 1130 erbauten Godehardskirche zu Hildesheim – für Deutschland einmalig. Der Bauherr hat an die reifen französischen Vorbilder von Chartres, Soissons und Amiens, vielleicht auch direkt an den kathedralartigen Bau der Abteikirche von Mouzon angeknüpft. Während in Frankreich beim Chor der Halbkreis nie ganz aufgegeben wurde, deutet die Brechung des Magdeburger Chorabschlusses mit fünf Seiten eines Zehnecks auf oberrheinisch-burgundische Einflüsse, wie z. B. des Münsters zu Basel oder der Abteikirche zu Vézelay. Als vorgeschobener gotischer Großbauplatz in einer noch romanisch bauenden Landschaft war Magdeburg ein Sammelbecken mannigfaltiger künstlerischer und technischer Einflüsse. Bauführer verschiedener Herkunft verarbeiteten diese Impulse und entwickelten sie in Etappen weiter. Manches Neue wurde während dieses Prozesses in dem für die Gotik keineswegs reifen Magdeburg mißverstanden oder großzügig «zurechtgebogen». Daraus erklären sich die für das Mittelalter charakteristischen spannungsgeladenen Unregelmäßigkeiten, so die steilen und gestelzten Spitzbogenarkaden im Innern des Chorhauptes, ebenso die dünnen französisch-gotischen Dienst-Bündel vor sächsisch-romanischen Pfeilermassen. Unvermittelt steht die Nacktheit ungeschmückter Flächen der Wände dem Schmuckreichtum des Chorumganges gegenüber. Welche Diskrepanz der Verhältnisse!

Die Folge weiter und dämmriger Einzelräume bildet eine Prozessionsstraße um den Hochchor. Hier ist deutlich erkennbar, daß die mächtigen Umgangsjoche und die Außenkapellen unfranzösisch als Raumindividuen empfunden wurden. Sowohl die gedrungenen Gliederpfeiler mit eingestellten Säulen als auch der weiträumige Umgang und die rippenlosen Spitzbogengewölbe machen die Herkunft des Bauplanes aus dem Bereich der oberrheinisch-burgundi-

schen Frühgotik wahrscheinlich. Auf wuchtigen Pfeilermassen lasten Kreuzgewölbe, die in den seitlichen Jochen von kräftigen, in «hängende Schlußsteine» auslaufenden Rippen getragen werden. Klar und bestimmt wurden die stämmigen Bauglieder abgesetzt. Die radial angeordneten Chorkapellen buchten mit drei Seiten eines Sechseckes aus. Sie sind schlicht gegliedert und haben halbkreisförmige Innensockel. Die erste und die fünfte Kapelle erfuhren durch den Planwechsel im zweiten Bauabschnitt eine geringfügige Verkürzung.

Steinmetzen verschiedener Schulen – nach Richard Hamann[29] sind es wenigstens fünf – betonen die Gelenkstellen der Pfeilermassen des Chorumganges mit einem Bauschmuck, der an Gedankenreichtum, Mannigfaltigkeit der Ausdrucksweise und Qualität der technischen Bearbeitung den unübertroffenen Höhepunkt spätromanischer Bildhauerei in Deutschland darstellt. Ihre eindrucksvolle Sprache «läßt die fruchtbare Begegnung und Auseinandersetzung der heimisch-sächsischen Tradition mit rheinisch-westfälischer und französischer Schulung erkennen».

Das Nebeneinander verschieden gebildeter Schmuckteile, die den «Kapitellfries» ergeben, ebenso das Vorhandensein solcher Verzierungen im hochgotischen Langhaus lassen darauf schließen, daß die Steinmetzen – Werkleute bürgerlicher Herkunft – vor allem während des ersten Bauabschnittes «ante situ» und auf Vorrat gearbeitet haben. Innere Wirren und äußere Kämpfe, insbesondere die kriegerischen Auseinandersetzungen zwischen den staufisch gesonnenen Erzbischöfen und dem welfischen Gegenkaiser Otto IV., behinderten zeitweise den Fortgang des Baues. Nachdem 1213 der Welfe das stiftische Territorium verwüstet und die Magdeburger Vorstädte zerstört hatte, dürften die großzügige Anlage der Neustadt, die Albrecht II. nördlich der Altstadt verwirklichte, und der bald einsetzende Bau einer mächtigen Stadtmauer vorrangig gewesen sein. Der Dombau stockte.

II. Um 1220, als die Unruhen verebbt waren, begann der zweite Bauabschnitt. Sein Ende, etwa um 1232, hing offensichtlich mit dem Tod Albrechts II. zusammen. Den Auftakt zum Weiterbau, den der Erzbischof mit großer Energie betrieb, bildete ein verstärkter Reliquienkult. Albrecht hatte 1220 von dem Her-

48 Der Dom von Osten

49 Die Westtürme
50 Der Dom von Norden

51 Wasserspeier am Ostchor
52 Der Ostchor mit Kapellenkranz
und Bischofsgang

Folgende Seiten:
53 Ostchor
54 Wasserspeier am Westportal

55 Das Westportal
56 Blick auf das Mittelfeld
der Westfassade

Folgende Seiten:
57 Die Paradiesvorhalle
am Nordquerhaus
58 Das südliche Querhaus

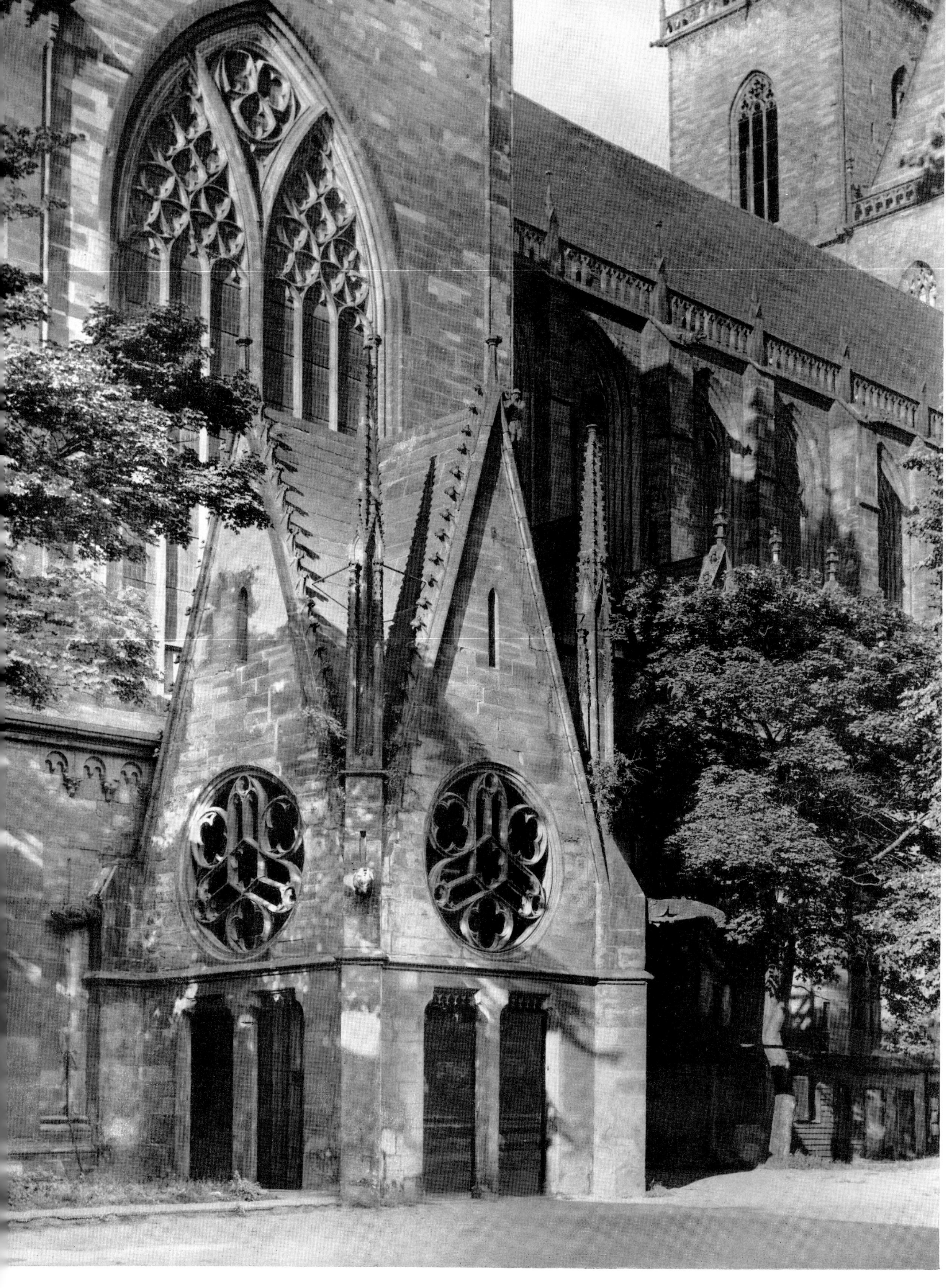

59 Blick auf die Dächer der Basilika
60 Die Westtürme

61 Laufgang mit
Wasserspeiern
62 Plattform des südlichen
Ostturmes (unvollendet)

Folgende Seiten:
63 Die Region
der Dächer und Türme
64 Teile der Zwerg-
galerie und des Laufganges
am Hohen Chor

65 Turmhelm mit Rippen und Kriechblumen
66 Das Oktogon des Nordwestturmes

67 Die Türme von Norden
68 Der Kreuzgang vom Nordwestturm

69 Der Remter mit ravennatischen Säulenschäften und Kapitellen als Basen   70 Blick aus der Südostecke des Kreuzganges

71 Spätromanische Arkaden des südlichen Kreuzgangflügels

72 Konsolfigur am südwestlichen Vierungspfeiler. Um 1245

73/74 Spätromanischer und frühgotischer Kreuzgangflügel

75 Der nördliche Kreuzgangflügel

76 Gewändeportal im nördlichen Kreuzgang

77 Das südliche Seitenschiff gegen Nordosten
78 Das Langhaus gegen Osten

79 Hoher Chor und Langhaus gegen Westen

80 Blick durch nördliches Seitenschiff und Langhaus

81 Lettner und Hoher Chor
82 Der Hohe Chor mit Umgang und Bischofsgang

83 Bildwerke an der Chorwand
84 Der Chorumgang mit Kapellenkranz

Folgende Seiten:
85/86 Chorumgang mit spätromanischer Kapitellornamentik

87 Innerer Chorumgangspfeiler
88 Kapitell im Chorumgang

Folgende Seiten:
89 Verkündigungsgruppe im Chorumgang. Um 1255
90 Blick aus der Scheitelkapelle durch Chor und Langhaus

91 Innere Chorumgangspfeiler
92/93 Kapitellgruppen im Chorumgang

Folgende Seiten:
94 Kapitell mit bärtigem Kopf
95 Kapitell mit Mädchenkopf

96 Innerer Chorumgangspfeiler
97 Äußerer Chorumgangspfeiler

Folgende Seiten:
98–101 Kapitellgruppen im Chorumgang

102 Portal zum Südostturm
mit Magdalenentympanon
103 Aufgangsportal zum Südostturm mit Rankentympanon

Folgende Seiten:
104/105 Nordschiff des
Chorumganges mit Grabplatte
des Erzbischofs
Friedrich von Wettin

Bischofsgang

108/109
Bischofsgang

110/111 Bronzegrabplatte des Erzbischofs Friedrich von Wettin († 1152)

112 Bronzegrabplatte des Erzbischofs
Friedrich von Wettin
113 Bronzegrabplatte des Erzbischofs
Wichmann von Seeburg († 1192)

Folgende Seiten:
114 Im Hohen Chor eingemauerte Spolien
(links Engel mit Weihrauchfaß, rechts Erzengel Gabriel)
115 Standbild des heiligen Paulus im Hohen Chor.
Um 1225 bis 1230

116 Standbilder der Heiligen Innocentius und Mauritius im Hohen Chor. Um 1230
117 Standbilder der Apostel Paulus und Petrus.
Im Hohen Chor aufgestellte Reste des (ersten) Figurenportals. Um 1225 bis 1230

118 Der heilige Mauritius
119 Der heilige Petrus

120/121 Statue
des heiligen Mauritius.
Sandstein. Um 1245

122 Kluge Jungfrau
123 Figurenzyklus der zehn klugen und törichten Jungfrauen, von einem älteren (zweiten)
Westportal. Sandstein. Um 1240. Seit 1962 wieder am Portal des Nordquerhauses (Paradiespforte).
Im Tympanon Darstellung der Himmelfahrt der Jungfrau Maria. Um 1330

124 Die fünf klugen Jungfrauen

125 Die fünf törichten Jungfrauen

126 Kluge Jungfrau
127 Kluge Jungfrauen. Die mittlere noch mit altem Sockel

Folgende Seiten:
128 Törichte Jungfrau
129 Kluge Jungfrau

130 Törichte Jungfrau
131 Kluge Jungfrau

132/133 Törichte Jungfrauen

134/135 Törichte Jungfrauen

136 Thronendes Paar. Vermutlich Kaiser Otto I. und seine Gemahlin Editha. Sandstein. Um 1245
137 Blattkopfkonsole aus dem südlichen Seitenschiff. Um 1260

138/139 Engel und Maria
einer Verkündigungsgruppe.
Sandstein. Um 1255
(Beträchtlicher Größenunterschied,
Höhen 108 und 137 cm)

Folgende Seiten:
140 Verkündigungsengel
141 Statue Kaiser Ottos I.

142 Statue Kaiser Ottos I.
am Mittelpfeiler des Westportals.
Sandstein. Um 1310
143 Maria mit dem Kinde im
südlichen Querhaus.
Sandstein. Um 1300

144 Kopf des Magdeburger Reiters. Sandstein. Um 1245.
Nach der Restaurierung im Kulturhistorischen Museum Magdeburg neu aufgestellt
145 Grabmal Kaiser Ottos I. im Hohen Chor

146/147 Gestühl im Hohen Chor (links Einzug in Jerusalem). Eichenholz. Um 1370. Umfangreiche Teile 1844 erneuert

148 Elisabethaltar in der Marienkapelle. Sandstein, Farbreste erhalten. Um 1360
149 Grabstein des Erzbischofs Otto von Hessen († 1361). Sandstein

150 Grabmal des Erzbischofs Ernst von Wettin.
Bronzewerk von Peter Vischer dem Älteren. 1495
151 Liegefigur des Erzbischofs Ernst von Wettin

DVCIBVS SAXONIE MAGDEBVRGENSIS ARCHIPRESVLIS GERMANIE
MEMORIAM RELINQVERET QVAM LONGISSIMAM S VIXIT AN

152 Kopf des Erzbischofs Ernst von Wettin
153 Der heilige Stephanus vom Grabmal

154 Der heilige Mauritius vom Grabmal
155 Wappenhaltender Löwe vom Grabmal

156 Sandsteintumba der Königin Editha vor der
Scheitelkapelle des Chorumganges. Um 1510
157 Kanzel von Christoph Kapup. Alabaster. 1597

158 Ehrenmal von Ernst Barlach im Nordquerhaus. Eichenholz. 1929

zog von Meran die Hirnschale des heiligen Mauritius erworben und stellte die kostbar gefaßte Reliquie alljährlich am Michaelstag im Dom unter großer Prachtentfaltung aus. Hiermit erweckte er die geistige und – durch die vom Papst in den Jahren 1221, 1222 und 1223 erwirkten Ablässe – die finanzielle Anteilnahme der Gläubigen am Bau. Gleich beim Einsetzen der Bautätigkeit um 1220 erfolgte die erste Planänderung, die nicht nur die Reinheit des älteren Planes durchbrach, sondern auch die Auflösung der ersten Bauhütte zur Folge hatte. Noch war dem ehrgeizigen Bauherrn die großartige Konzeption nicht imposant genug. Bauen war gottgefälliges Werk, war praktischer Gottesdienst! Bis zur «Maßlosigkeit» wuchsen in Frankreich, später in Deutschland, die gotischen Kathedralen und Münster in den Himmel. Die gesamte Bürgerschaft der Stadt nahm geistig und materiell daran teil. Die Bauleute bauten kollektiv und anonym. Nicht der schnell aufgeführte fertige Bau, sondern der Prozeß seines Entstehens als eine Form des Gottesdienstes war das Entscheidende. Nur so war es möglich, daß durch Jahrhunderte Generationen, die meist innerhalb einer Grundkonzeption nur schrittweise den Plan änderten, ohne Ehrgeiz auf eine rasche Beendigung bauten.

Nachdem Chorumgang und Kapellenkranz des Magdeburger Domes im wesentlichen fertig waren, wurde das Joch des Hochchores nach Westen hin verlängert und gleichzeitig durch die Verstärkung des östlichen Pfeilerpaares nach außen verbreitert. Außerdem rückte man die Seitenschiffswände des Langchores nach außen, wodurch die beiden westlichen Chorkapellen gekürzt wurden. In dieser Bauperiode entstanden auch die unteren Mauern des Querhauses sowie die mächtigen Vierungspfeiler, desgleichen die ersten Joche des Langhauses als Widerlager. Damit war das System – Maßverhältnisse und Rhythmus der Teilräume – festgelegt. (Der Plan sah weiterhin vor, daß die quadratischen Mittelschiffsjoche von halb so breiten und doppelten Seitenschiffsjochen im Schema des «gebundenen Systems» begleitet werden. Den Raummantel hätten vertikal Haupt- und Zwischenstützen rhythmisch gegliedert. Horizontal war eine Emporenzone vorgesehen.) Vorerst wuchsen im Winkel zwischen Chor und Querhaus viereckige Osttürme empor. Vorbild war hier die für Deutschland überhaupt sehr einflußreiche Kathedrale von Laon, deren Querhaus zwei Turmpaare flankierten.

Die Dome zu Bamberg und Naumburg, deren künstlerische Entwicklung eng mit Magdeburg verknüpft ist, haben diese Türme als Motiv in der Grundanlage und in Einzelheiten übernommen. Das Beispiel Laon war auch ausschlaggebend bei dem Plan, im Langhaus des Magdeburger Domes – ähnlich wie bei dem Halberstädter – eine Empore über das Arkadengeschoß zu legen. Ausgeführt wurde nur der Anschluß an den nördlichen Bischofsgang. Hier öffnet ein Zwillingsfenster mit schlank gegliedertem Säulenbündel und mit einem Adlerkapitell die schwere Wand. Einfluß von Laon läßt auch das sechsrippige Gewölbe im gleichen Querhausjoch erkennen.

Bis 1232 vollendete man in Magdeburg den Langchor bis zum Fußpunkt des Bischofsganges, der am nordöstlichen Vierungspfeiler in der Arkadenteilung des unteren Umganges begonnen worden war. Während das prachtvolle Gewändeportal an der Südwand des Querhauses ausgeführt wurde, blieb der Bau des großen Figurenportals an der Westfassade nach dem Tode Albrechts II. stecken. Wohl unter dem stärkeren Einfluß des Kapitels wird sich der nachfolgende, weniger streitbare Burchard I. veranlaßt gesehen haben, das Projekt eines beherrschenden Westportals im Interesse der Chorvollendung zurückzustellen. Obwohl die reichgebildete Chorpartie des Domes in der ersten Hälfte des 13. Jahrhunderts noch ein monumentales unfertiges steinernes Gehäuse ohne Gewölbe und voller Gerüste war, wirkte sie in ihrer Größe und Neuartigkeit stark auf das baukünstlerische Schaffen im nord- und mitteldeutschen Raum ein. Die Ostpartie des Domes zu Münster und die frühen polygonalen Chöre der Klosterkirchen zu Memleben und Nienburg, der der Abtskapelle Pforta und anderer Bauten sind ohne die bahnbrechende Konzeption der erzbischöflichen Kathedrale zu Magdeburg undenkbar.

III. Der dritte Bauabschnitt fällt im wesentlichen mit der Regierungszeit des Erzbischofs Burchard I. von Woldenberg (1232 bis 1235) zusammen. Der Bauabschnitt ist gekennzeichnet durch die Tätigkeit einer Bauhütte des Zisterzienserordens, der an der Verbreitung der Gotik in Deutschland maßgeblich beteiligt war. Die Werkleute kamen von dem Kloster Maulbronn über Ebrach und Walkenried und bahnten in Magdeburg, Halberstadt und Pforta dem burgundisch-gotischen Stil den Weg. Der Wechsel des Ar-

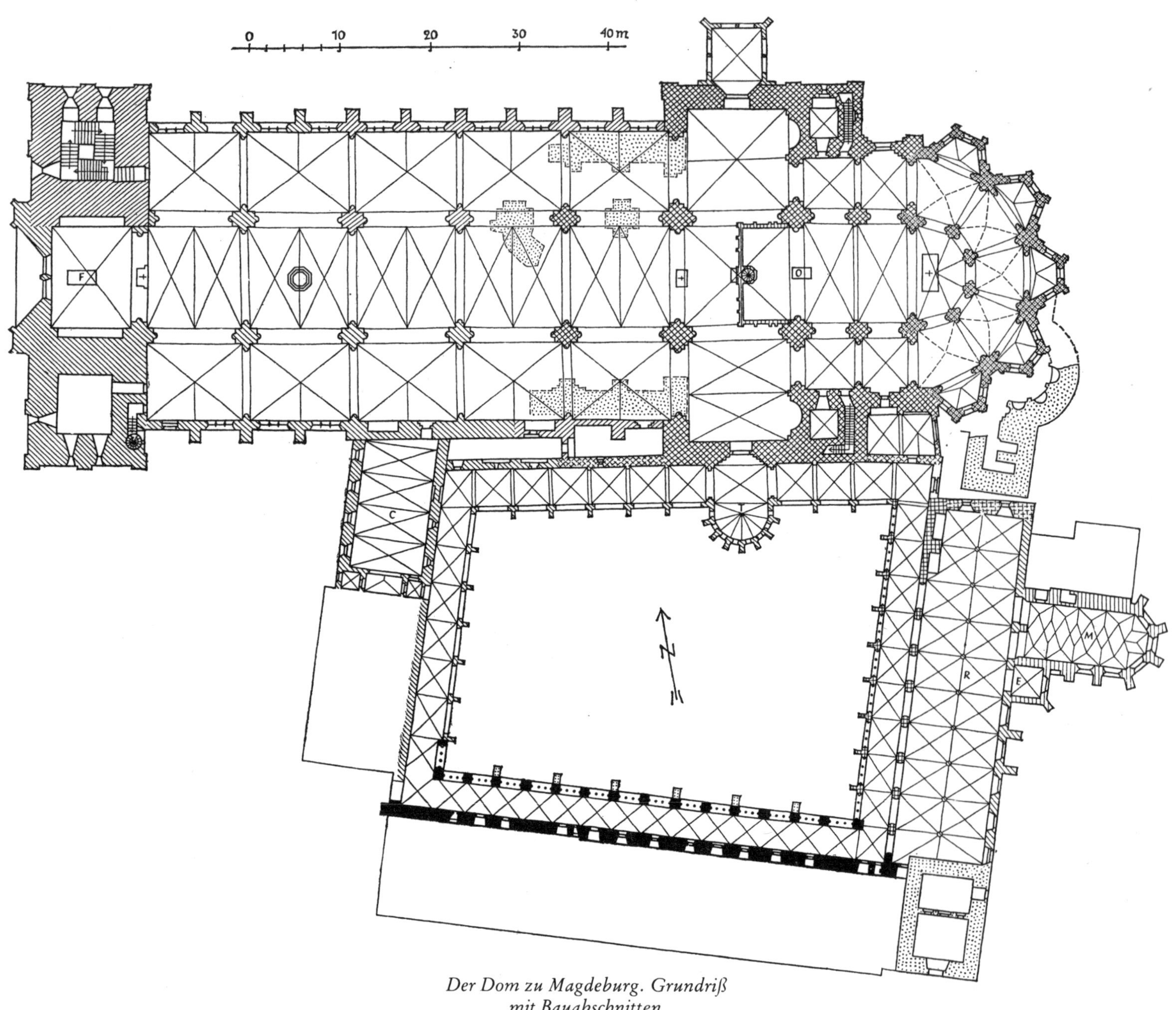

Der Dom zu Magdeburg. Grundriß
mit Bauabschnitten

		Reste des ottonischen Domes
		Südflügel des spätromanischen Kreuzganges
	1209–1213	Chorumgang mit Kapellenkranz
	1220–1232	Erste Planänderung: Chorquadrat, unteres Mauerwerk von Querhaus, Osttürmen und Vierungspfeilern; östliche Pfeiler des Langhauses
		Später abgebrochene Zwischenpfeiler und östliche Teile der Langhauswände
etwa		
	1232–1235	Zweite Planänderung: Zisterziensische Hütte (Bischofsgang und Ostflügel des Kreuzganges mit Putzmalereien)
	1235–1253	Dritte Planänderung: Höherführen von Chor und Querhaus, Einwölbung von Hohem Chor, Vierung und Querhaus
	1253–1274	Vierte Planänderung: Weiterführen des Langhauses bei Verdoppelung der Arkadenweiten, Nordwestturm mit (2.) Gewändeportal der klugen und törichten Jungfrauen
	1274–1363	Fertigstellung des Langhauses. Südwestturm mit (3.) Gewändeportal sowie 2. und 3. Turmobergeschoß; Remter (R), Cyther (C), Tonsur (T); nördlicher und westlicher Kreuzgangflügel, Paradiesvorhalle. Schlußweihe 1363
	15. Jahr.	Redekinkapelle (E) (1405) und Marienkapelle (M). Lettner (1445)
	1476–1493	Mittelteil der Westfassade
	1520	Abschluß der Türme (Bastian Binder)
		Zugehörigkeit zur angegebenen Bauepoche nicht sicher
O		Grabmal Kaiser Ottos I.
F		Grabmal Ernsts von Wettin

192

chitekten, der den in Frankreich geschulten rheinischen Meister zurücktreten ließ und den Werkleuten des Ordens die Führung übertrug, dürfte eine Ursache für die abermalige, zweite Planänderung nach dem Tode Albrechts sein.[30] Mit dem andersgearteten Nachfolger des autokratisch regierenden Käfernburgers, mit Burchard I., setzte sich in der Bauführung eine konservative Gesinnung durch. Außer dem berühmten Bischofsgang in der Formensprache des Zisterzienserordens entstand nun unter Verwendung der ottonischen Grundmauern der frühgotische Ostflügel des Kreuzganges. Damit wurde die Verbindung zu dem vom Brande verschonten spätromanischen Südflügel wiederhergestellt. Um den Chor beschleunigt zu vollenden, wurden die ravennatischen Säulen des ottonischen Domes zur Ausschmückung des Hochchores verwendet, ebenso die Figuren und Reliefs des soeben erst unter Albrecht II. begonnenen Westportals. Zu den bereits vorhandenen statuarisch strengen Heiligenskulpturen kamen zwei weitere auf Fern- und Untersicht berechnete hinzu und wurden an hervorragender Stelle in die vertikalen Kräftebahnen der Chorarchitektur eingefügt.

Alle diese Maßnahmen lassen erkennen, daß die von Albrecht unterdrückten Interessen des Domkapitels nun die Oberhand gewannen. Die Bauführung konzentrierte sich auf die rasche Fertigstellung der Chorpartie sowie auch der wichtigsten Klausurteile und ließ die weitgespannten Pläne einer Westfassade nach französischem Vorbild fallen.

Am eindringlichsten empfindet man den sprunghaften Entwicklungsprozeß der sich auftürmenden Chorpartie von Osten her. In der unteren Zone gruppieren sich die klar abgesetzten Kapellen mit aufgeschichteten Mauern. Mit ihren Spitzbogen und den darüber angebrachten Rundbogenfriesen wirken diese Kapellen verhältnismäßig leicht und entschwert. Offenbar sind sie das Werk eines rheinischen Meisters. Über dem fast noch spätromanisch anmutenden Kapellenkranz lastet mit kompakt und schwer gegliederter Wand der zisterziensische Bischofsgang. Gotischer – hier allerdings noch ohne Strebepfeiler – ist die dritte Zone des Chores. Hohe Fenster, Ziergalerie und Balustrade nach Reimser Vorbild machen den fortschreitenden Prozeß der Entmaterialisierung gotischen Bauens sichtbar. Zisterziensisch kompakt sind dagegen die Stockwerke der Osttürme, die mit schweren plastischen Friesen sowie Gesimsen gegliedert und an der Südseite mit dem Querhaus verklammert sind.

Der Bischofsgang – so benannt, weil für den Erzbischof über eine Brücke von seinem Palas her erreichbar – ist das hervorragende Werk des Zisterziensermeisters. Er liegt über dem ebenerdigen Chorumgang und sollte sich vor der Planänderung (wie Basenreste aus dem zweiten Bauabschnitt im nördlichen Joch bezeugen) mit den gleichen Bogenweiten wie denen der unteren Arkaden wiederholen. Wohl ebenso sollte die Empore nach dem zweiten Plan Albrechts das Langhaus bereichern und dabei nach Art der Frühgotik als Stützsystem dienen. Im Bischofsgang schuf die zisterziensische Hütte einen kargen, schmuckarmen Gliederbau, der sich – zwar voller Widersprüche, aber doch modern und vorwärtsweisend – als mittlere Raum- und Arkadenzone des Hohen Chores aufbaut. Eng aneinander gerückte Pfeiler mit eingestellten Wülsten, die von kräftigen Horizontalsimsen verklammert werden, tragen leicht zugespitzte Bögen.

Den lichteren Umgangsraum überspannt ein System verschieden weiter Quer- und Diagonalrippen. Da die Bauleute des Ordens noch den romanischen und nicht den spitzen gotischen Bogen verwandten, kam es hier – wie auch in der berühmten Vorhalle zu Maulbronn – zu dem Dilemma von verschieden hohen Kämpfern. Bei den trapezförmigen Jochen des Chorhauptes sind die Schlußsteine aus der Mitte herausgerückt. In ihrer architektonischen Funktion mißverstanden und unlogisch sitzen außen die Strebepfeiler auf den Gewölben der Chorkapellen! Merkmal des zisterziensischen Hüttenbetriebes ist die zwar qualitätvolle, aber geradezu «fabrikmäßig» genormte Bearbeitung der Einzelformen, wie sie vor allem bei den Kapitellen im Bischofsgang, die im schroffen Gegensatz zu der lebensvollen Bauornamentik des unteren Umganges stehen, zu finden ist. Charakteristisch zisterziensisch sind auch die schlanken Kelchkapitelle mit heraussprießenden Knospen oder Knollen, ebenso die Wirtel der Dienste – auch Schaftringe genannt – und der «Hundezahn», ein pyramidenförmiger Zackenfries als Profilschmuck. Der Ornamentstil verschiedener Kapitelle und die Akanthusblattumrahmung der Mittelnische lassen erkennen, daß mittelrheinische Steinmetzen als Hilfskräfte eingesetzt waren oder sogar nach einer dem Tode Burchards (1235) folgenden dritten Planänderung den noch im Bau befindlichen Bischofsgang zu Ende führten.[31]

Ebenfalls noch aus der in Magdeburg offensichtlich nur wenige Jahre dauernden Schaffensperiode der Zisterzienserhütte stammt neben dem bereits erwähnten frühgotischen Kreuzgangflügel die zierliche Rundkapelle. Vielleicht stellt dieser polygonale Zentralbau ein Abbild der später beseitigten Taufkapelle vor der Westfront des Domes dar. Zusammen mit dem ursprünglichen Baldachingehäuse des Reiterdenkmals gehört die Rundkapelle – wie die wie ausgesägt wirkenden Fensterformen verdeutlichen – offenbar in die Entstehungszeit des kurz vor 1235 gebauten östlichen Kreuzgangflügels.

Die Putzritzzeichnungen dieses Ganges sind seltene Reste der uns nur wenig bekannten dekorativfestlichen Behandlung der Außenwände eines mittelalterlichen Bauwerkes. Dargestellt werden Otto I., zwischen seinen beiden Gattinnen thronend, und die neunzehn Erzbischöfe des Domes bis auf Burchard I. In ihm oder seinem Nachfolger, seinem Halbbruder Wilbrand, dürfen wir den Auftraggeber sehen. Wenn der Erzbischof in den Jahren, in denen die wirtschaftlich und politisch selbständig werdende Bürgerschaft als ihr Machtsymbol das Reiterdenkmal auf dem Marktplatz zu Magdeburg errichtete, in dieser «Ahnengalerie» hingegen auch Kaiser Otto abbildete, dann darf dieser Rückgriff auf die Tradition als eine Demonstration des Beharrens auf althergebrachten, den Bischöfen vom Kaiser einst verliehenen Rechten als Stadtherr gewertet werden. Gleichzeitig kann in diesen Zeichnungen ein Protest mit künstlerischen Mitteln gegen die Machtdemonstration der Bürgerschaft gesehen werden, die mit dem Reiterdenkmal ebenfalls ihre Rechte vom Kaiser ableitete und die der Kirchenfürst als anmaßend empfunden haben wird.

IV. Den vierten Bauabschnitt bestimmte Erzbischof Wilbrand (1235 bis 1254), mit dem erneut ein ausgesprochen autokratisch handelnder Kirchenfürst an die Macht gelangte. Er verwarf die Maßnahmen und Pläne seines dem Domkapitel gegenüber duldsameren Vorgängers und griff die hochfliegenden Absichten seines Stiefbruders Albrecht II. nicht nur wieder auf, sondern überbot sie sogar. Schon im Hochchor, der im Gegensatz zu den bisherigen Vorhaben beträchtlich erhöht wurde, lenkte er wieder in die vorzisterziensische Formensprache ein. Nach Wölbung des Chores um 1240 wurde das weiträumige und großartige Querhaus mit seinen riesigen Fensteröff-

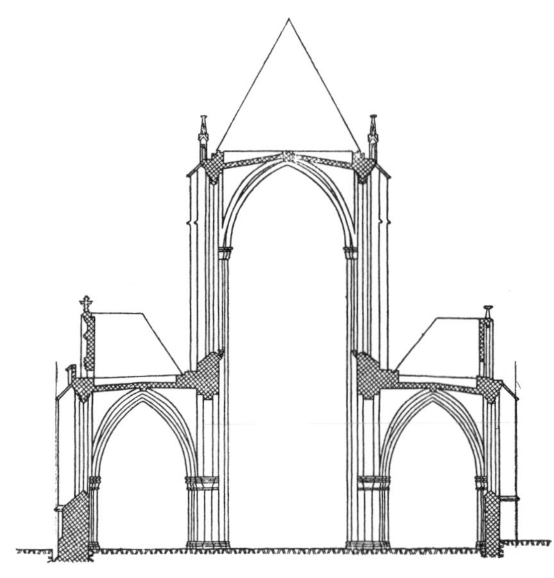

Querschnitt von Nord nach Süd

nungen vollendet. Das südliche Transept, in dem 1266 die Beisetzung Erzbischofs Rupert erfolgte, ist im Gegensatz zu dem älteren, nördlichen von zwei schmaljochigen Gewölben abgeschlossen. Die strähnig aufgelösten, von kräftigen Fialtürmen flankierten Giebel gehen auf Straßburger Vorbild zurück. Dieses prachtvolle und wohlausgewogene Motiv beeinflußte wiederum den südlichen Querschiffsgiebel des Domes zu Meißen.

Von entscheidender Bedeutung ist die (vierte) Planänderung unter Wilbrand, die nach Walter Greischel von dem sogenannten Querhausmeister ausgeführt wurde. Er streckte das Langhaus auf die ungewöhnliche Länge von fünf Doppeljochen und plante, es mit einem Turmpaar von riesigen Ausmaßen im Westen abzuschließen. Abermals wurden Vorbereitungen für ein (zweites) Westportal getroffen. Da die Teile des ersten Gerichtsportals im Hohen Chor vermauert waren, schuf man die fast lebensgroßen Gewändefiguren der klugen und törichten Jungfrauen. Im Inneren wurden die geplante Emporenzone aufgegeben, die Zwischenpfeiler des Arkadengeschosses wieder abgerissen und mit der Erhöhung der Hauptpfei-

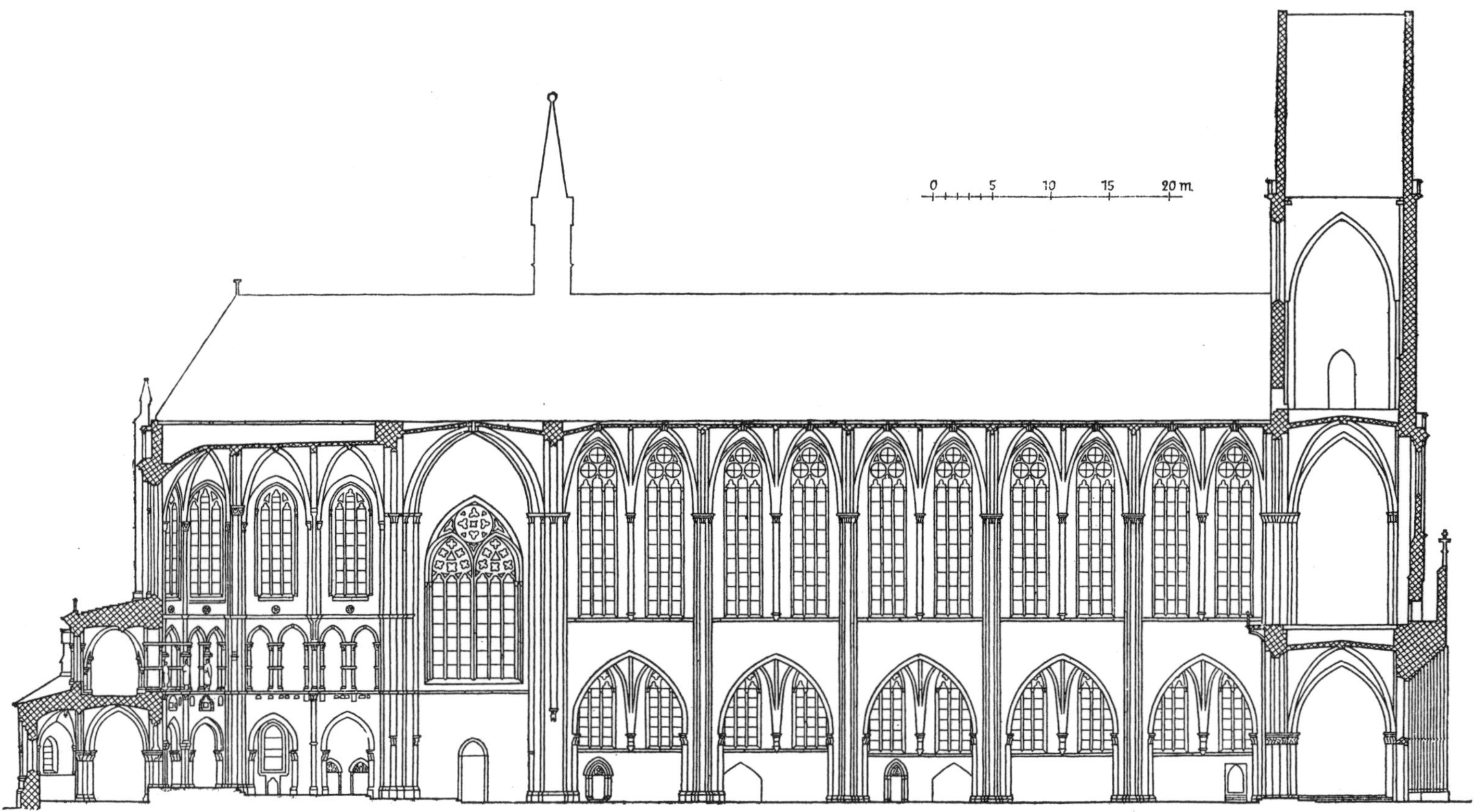

Der Dom zu Magdeburg. Längsschnitt
von Ost nach West

ler die Spannweite der Joche verdoppelt. Gleichzeitig kam es zu einer Verbreiterung der Seitenschiffe durch Hinausrücken der Wände. Mit all diesen Maßnahmen, die einer Reduzierung des ursprünglichen kleinteiligeren Systems gleichkommen, erreichte man die kühne Steigerung der hochgotischen Raumwirkung, das eigenwillige Gegeneinander der Bewegungen und das Einfließen der niedrigen Seitenräume in den steilen Mittelraum.

Aufgedeckte Fundamentreste lassen die ursprünglich geringeren Ausmaße, den Abbruch eines jeden zweiten Pfeilers an der Nordseite sowie auch das Hinausrücken der Seitenschiffswände erkennen. Diese wurden, wie die beiden westlichen Pfeiler zeigen, mit ihren Werksteinen, insbesondere den spätromanischen Kelchblockkapitellen, neu gesetzt. Einheitlich im Stil wurde in der Folgezeit (nach 1274) das Langhaus nach Westen fortgeführt. Pfeiler und Rippenformen blieben im Prinzip dieselben, ebenso die einfachen Maßwerkformen der Fenster. Der fortschreitende Bauprozeß läßt sich lediglich an der Abfolge der Sockelprofile und Basen sowie an der Bearbeitung der Werksteine ablesen. Den spätromani-

schen Kelchblockkapitellen an der Nordseite des östlichen Langhauses folgen nach Westen zu gotische Kelchformen mit naturalistischem Blätterwerk, aus dem zuweilen Masken oder Gesichter dämonisch herausgrinsen.

Besondere Beachtung verdient die Konsolfigur am südwestlichen Vierungspfeiler. Die unter dem Gewölbedienst ächzend dargestellte männliche Gestalt – in ihrer realistischen Wiedergabe mit der Schäfergruppe der Nordquerhausfassade verwandt – wird als der «Meister Bohnsack» genannte Querhausmeister bezeichnet. Möglicherweise hat der Architekt sich in Gestalt der Tragefigur verewigt, um die Bürde seiner Verantwortung zu veranschaulichen. Die Ursachen, die die Entwicklung einer lebensvollen Darstellung vorantrieben, sind in der Veränderung der gesellschaftlichen Struktur zu suchen. Unter Erzbischof Wilbrand, der als Stadtherr den Ansprüchen der nach politischer Freiheit strebenden Bürgerschaft bedeutende Zugeständnisse machen mußte, vollzog sich mit der ersten bürgerlichen Stadtverfassung die Umwandlung von der stadtherrlich-romanischen zur bürgerlich-gotischen Stadt.

V. Der fünfte Bauabschnitt von 1274 bis 1363 endete nach längeren Stockungen mit der Vollendung des mächtigen Langhauses. Eine Urkunde vom 10. März des Jahres 1274 beklagt den immer noch unvollendeten Bau, dessen Basen zwar gesetzt waren, in den es aber hineinregnete. 1310 wurde erneut ein Westportal und damit der Südwestturm in Angriff genommen. Eine offenbar bereits bestehende Vorhalle mit den Figuren der klugen und törichten Jungfrauen sowie der Ecclesia und der Synagoge ließ der Bauherr abtragen und die Skulpturen am nördlichen Querhausportal anbringen. Unter dem unmittelbaren Einfluß des Straßburger Münsterbaues, wo Erwin von Steinbach etwa zur gleichen Zeit den Westbau hochführte, entstand das neue (nun bereits dritte), endgültige Westportal. Dieser riesigen Portalbucht mit reichen, zügig durchfließenden Profilen, aber ohne Gewändefiguren, steht heute der Besucher gegenüber. Machtvoll stößt die Bekrönung – ein spitzwinkliger Wimperg mit der Darstellung des Stiftsheiligen im Blendwerkfeld – in das reiche, jedoch unruhig geschmückte Mittelfeld. Seitlich verschleiert ein luftiges Gestängesystem die Mauer. Ähnliche Wirkung hat das maßvolle Blendwerk der zweiten Turmgeschosse, die den mittels Lisenen gegliederten und mauerbetonten Untergeschossen im frühen 14. Jahrhundert folgten. Ebenso wie bei einer ursprünglich geplanten Fensterrose im Mittelfeld läßt sich der Einfluß von Straßburger Ideen an der unteren Westfassade nicht verleugnen. Am Ende dieses fünften Bauabschnittes (vor 1350) fügte man die anmutige Paradiesvorhalle dem Nordquerhaus an. Ihre steilen, krabbengeschmückten Giebel und luftigen Maßwerkrosen – ausgewogene Dreistrahlmotive mit zwickelfüllenden Vierpässen – sind ebenso wie die Blendwerkrose im Wimperg des Hauptportals Merkmale der hohen Gotik.

Während die unteren Teile der Westfront emporwuchsen, stand der Erzbischof im heftigsten Kampf gegen die ihre Freiheiten und Rechte wahrende Bürgerschaft. Burchard III., der sein herrisches Verhalten und seine Unterdrückungsbestrebungen gegen diese neue Klasse später mit dem Leben bezahlen mußte, war der besondere Förderer des großangelegten Projektes. Er ordnete den Abbruch der ottonischen Nikolaikirche an, die den Zugang zu dem neuen Hauptportal blockierte. Am Mittelpfeiler des Hauptportals ließ der Erzbischof das Standbild Kaiser Ottos I. mit Krone, Zepter und Reichsapfel anbringen, offenbar ebenfalls als Herrschaftssymbol gegen die Freiheitsansprüche der Bürgerschaft. Die Widersprüche zwischen den bürgerlichen Kräften und dem zwingherrlichen Erzbischof spitzten sich schließlich derartig zu, daß Burchard von der mit Halle und Calbe verbündeten Bürgerschaft Magdeburgs 1325 abermals gefangengenommen und im Keller des Rathauses erschlagen wurde. Die Acht des Kaisers und der Bannfluch des Papstes lagen daraufhin Jahre über der Stadt. Die Handwerker und das «niedere Volk» standen 1330 gegen die Patrizier und den von ihnen gebildeten Rat auf.

Nachdem unter Otto von Hessen (1327 bis 1361) die letzten Langhausgewölbe gesetzt worden waren – der westliche Schlußstein zeigt das Brustbild des Erzbischofs –, kam es 1363 unter seinem Nachfolger endlich mit großem kirchlichem Pomp zur Einweihung des Langhauses.[32]

Während des Weiterbaues waren auch die Klausurgebäude entstanden, die sich rechtwinklig an den romanischen Südteil anschließen. So erheben sich die drei der Domkirche abgekehrten Seiten des Kreuzganges auf den ottonischen Grundmauern. Noch aus der Zeit vor 1200 stammt der südliche Flügel, den Steinmetzen der Schule von Königslutter hochführten und schmückten. Rippenlos und schwer sind seine Kreuzgewölbe. Lebensvoll variierten die Werkleute die Säulenschäfte und Kapitelle der untergliederten Arkaden, die von anschwellenden Rundbögen zusammengefaßt werden. Darüber öffnen romanische Zwillingsfenster die mächtigen, in späterer Zeit «abgestrebten» Bruchsteinwände.[33] Mit seiner gleichmäßigen Norm der Einzelformen, die wie ausgesägt anmuten, wirkt dagegen der frühgotische Ostflügel (um 1235) nüchtern und streng. Die Fensterdetails zeigen, wie oben angedeutet, enge Verwandtschaft mit der achteckigen Gedächtniskapelle Kaiser Ottos im Langhaus, ebenso mit dem Baldachingehäuse des Reiterdenkmals. Während die Rippen schon einfach abgeschrägt sind, wirken die Basen und Kapitelle abstrakt und verkümmert. Hochgotisch (14. Jahrhundert) sind die beiden Kreuzgangflügel im Norden (Ostteil 2. Viertel des 13. Jahrhunderts) und Westen, ebenfalls der «Cyther» und die bemerkenswerte Tonsur mit freischwebendem Rippensystem, deren Einzelglieder reiche Maßwerkbildungen durchbrechen. Eindrucksvoll läßt sich an der Südwestecke des

Kreuzganges der Unterschied zwischen romanischer Mauerhaftigkeit und gotischem Skelettbau erleben und an der Südostecke das steile, klare Auftürmen der gewaltigen Baumassen der Kathedrale.

Der zweischiffige Remter diente den Domherren ursprünglich als Sepultur. Seltene ravennatische Spolien – farbige Säulenschäfte aus Granit und Marmor sowie als Basen verwandte Kapitelle – tragen die weiten und für die Zeit um 1350 einfachen Kreuzrippengewölbe. Im Jahre 1405 fügte man im Osten die kleine Redekinkapelle an, deren Wand- und Deckengemälde mit Darstellungen des Jüngsten Gerichts als wertvolle Reste erhalten sind. Daneben entstand in der Mitte des 15. Jahrhunderts die feingliedrige Marienkapelle, die mit einem spätgotischen Netzgewölbe abgeschlossen wurde.[34] Der Reichtum ihrer Formenelemente wird durch zahlreiche Bildwerke und durch moderne Glasmalerei ergänzt.

VI. Im sechsten und letzten Bauabschnitt von 1477 bis 1520 wurde die Westfassade und damit der gesamte Dom vollendet. Nachdem Ernst von Sachsen 1476 erst zwölfjährig in das hohe Amt des Erzbischofs – vorerst als Administrator – eingeführt worden war, begann bereits 1477 der Weiterbau der unvollendeten Westfassade. Zuerst nahm man den formenreichen und bewegten Mittelteil in Angriff, der durch das charakteristische Satteldach abgeschlossen wird. An diesem Fassadenfeld wirkte ein Geselle des fränkischen Bildhauers Tilman Riemenschneider, den Erzbischof Ernst zwischen 1510 und 1512 nach Magdeburg berief. Er schuf die unseren Blicken weit entrückten Sandsteinstatuen Christi und der Apostel mit charaktervollen Köpfen, spätgotischen Gewändern und kupfernen Heiligenscheinen. Im Jahre 1520, noch bevor in Magdeburg die Reformation einzog, beendete Bastian Binder aus Halle auf Geheiß des prachtliebenden Kardinals und Erzbischofs Albrecht von Brandenburg die Türme. Der Baumeister setzte den mächtigen Baukuben die kurzen, offenen Oktogone auf und bekrönte sie mit gedrungenen, krabbengeschmückten Helmen. Sind auch die Proportionen der gewaltigen Westfront wenig ausgewogen und voller Diskrepanzen, so entbehren sie doch nicht der Großartigkeit. Die Grundformen sind so gewaltig, daß die Uneinheitlichkeit im einzelnen gegenüber dem Gesamteindruck nicht ins Gewicht fällt. Noch im ausgehenden Mittelalter hält sich jene sächsisch-romanische Grundstimmung, die dem gotischen Großbau sein Gepräge gibt.[35]

BILDWERKE UND AUSSTATTUNG

Von der überreichen Ausstattung und den Bildwerken, die dem Gottesdienst der erzbischöflichen Kathedrale dienten, hat sich nur wenig und von den Kostbarkeiten des Domschatzes so gut wie nichts erhalten. Aber selbst der Restbestand vermittelt uns einen nachhaltigen Eindruck von dem künstlerischen Reichtum, der die Schiffe, Chöre und Kapellen des riesigen Kultorganismus füllte. Aus dem ottonischen Dom überkam der bereits erwähnte spätrömische und byzantinisch-ravennatische Bauschmuck. Als Spolien fanden diese Säulenschäfte aus Marmor, Porphyr oder Granit sowie die zum Teil als Basen verwandten Marmorkapitelle im Helldunkelkontrast des 6. Jahrhunderts wieder Verwendung im Hohen Chor und im Remter der gotischen Kathedrale. Aus der berühmten Bronzegießerei Magdeburgs stammen mehrere qualitätvolle Bildwerke. Sie sind wichtige Glieder einer Entwicklungsreihe, die mit der berühmten Grabplatte Rudolfs von Schwaben (gest. 1080) im Dom zu Merseburg beginnt. Diesem Werk, dessen flächige Formen noch unwirklich anmuten, steht plastisch gewölbt die Bronzeplatte des Erzbischofs Friedrich von Wettin (gest. 1152) im Dom zu Magdeburg gegenüber. Starr, in hieratischer Strenge und mit harter Gebärde ist der Kirchenfürst dargestellt. Maskenhaft, mit vorquellenden Augen, scharfem Profil und ornamentalen Ohr- und Haarbildungen verkörpert seine Statue das plastische Empfinden der Zeit um 1150. Gewandung und Mitra haben derbe, geritzte Binnenzeichnungen. Der Krummstab ruht auf einem kleinfigurigen Dornauszieher, ein Motiv, das vom Fortleben der Antike im Mittelalter kündet. Auf der Grabplatte des Erzbischofs Wichmann von Seeburg (gest. 1192) ist die Haltung des Dargestellten gelockerter, gelöster; fast schwammig sind die Gesichtszüge, fließender und plastischer die Falten der Gewänder. Der Verstorbene, dessen starke Beleibtheit urkundlich überliefert ist, wurde in Idealgestalt und in einem Alter von etwa 33 Jahren abgebildet. Wir wissen, daß keiner der Dargestellten – auch noch nicht bei den Bildwerken des 13. Jahrhunderts – im Porträt abgebildet ist. Trotzdem verkörpern die Grabplatten Typen ganz bestimmter Persönlichkeiten. Neben der berühmten Bronzegießerei des Bischofs Bernward von Hildesheim aus dem 11. Jahrhundert erscheint die Magdeburger Hütte als die bedeutendste Werkstatt des 12. Jahrhunderts dieser zu allen Zeiten schwierigen und kostspieligen Kunst.[36]

Die ottonische Basilika besaß eine Lesekanzel, von der sich neun kostbare Reliefplatten aus weißem Marmor in der Nordwand der Marienkapelle erhalten haben.[37] Diese Flachbilder zeigen die Seligpreisungen der Bergpredigt. Plastisch gerundet wölben sich die schlanken Körper vor dem platten Grund, geschmeidig sind ihre Bewegungen.

Auch die Bildwerke, die für die gotische Kathedrale geschaffen waren, stehen zumeist nicht an dem für sie bestimmten Platz. Die figürlichen Darstellungen, als Schmuck für die Innenwand des Hohen Chores wieder verwandt, stammen von dem ersten unvollendeten Westportal (1225 bis 1230), das Adolph Goldschmidt rekonstruierte.[38]

Die fünf Archivoltenengel, die zehn klugen und törichten Jungfrauen sowie die nahezu naiv-volkstümlichen Tugenden und Laster lassen zusammen mit den großfigurigen Aposteln Petrus, Paulus, Andreas und Johannes dem Täufer den Plan eines Gerichtsportals erkennen. Die säulenhaft-starren Gestalten stehen auf den Personifikationen überwundener weltlicher Mächte. Ihre Vorbilder sind in Frankreich, vermutlich in Chartres, zu suchen. Roh und mit zu großen Köpfen sind die Heiligen Innocentius und Mauritius gearbeitet. Sie gehören nicht in den Portalzyklus, denn sie wurden von vornherein auf Untersicht berechnet.

Einen besonderen Rang in der europäischen Plastik des 13. Jahrhunderts, deren Höchstleistungen sich vor allem im mitteldeutschen Raum zusammenballen, nimmt eine Reihe von Bildwerken ein, die sämtlich um die Mitte des Jahrhunderts entstanden sind. Neben den Plastiken in Halberstadt, Wechselburg und Freiberg sind von entwicklungsgeschichtlicher Bedeutung die in den Domen zu Straßburg, Bamberg und Naumburg. Zwischen letzteren stehen die Werke der «Magdeburger Schule», deren Ausdruckskraft und Formensprache zwar einheitlich, aber doch vielfältig abgestuft ist. Ihre Abhängigkeit von der älteren Bamberger Werkstatt ist offensichtlich. Die Entwicklung, in der nach erreichter romanischer Starrheit und maskenhafter Leblosigkeit allmählich menschlich-seelischer Ausdruck durchbricht, findet in den Meißener Stifterfiguren – Otto I. und Adelheid – ihren großartigen Abschluß. Die Reihe der bedeutenden Bildwerke der «Magdeburger Schule» eröffnet – obwohl er seiner Aufstellung nach außerhalb der Kathedrale steht – der berühmte «Magdeburger Reiter». Er erhob sich an der Südostecke des Alten Marktes unter einem ehemals frühgotischen Baldachingehäuse. Die dargestellte Person und ihre Funktion stehen noch nicht völlig fest. Die Meinungen verdichten sich dahingehend, daß der Dargestellte Otto sei, nicht Karl der Große (Möllenberg) oder Kaiser Konstantin. Das Monument – ein Unikum dieser Gattung und nicht ohne die Reiterdenkmäler der Antike denkbar – versinnbildlicht höchstwahrscheinlich die Verleihung des Stadtrechts durch Otto I. oder seinen Sohn. Es wurde vermutlich von der erstarkten Bürgerschaft, die um 1240 dem bischöflichen Stadtherren bedeutende rechtliche Freiheiten abgerungen hatte, als politisches Symbol errichtet. Nicht völlig freistehend, sondern in ein Architekturgehäuse gestellt, war das Denkmal auf den ältesten Teil des Marktes ausgerichtet worden. Dorthin wiesen der Blick und die Bewegung des rechten Armes. Der Kaiser sitzt gelassen auf seinem Roß und wird von zwei «bannertragenden» Mägden flankiert. Mantel, Schwert und Krone kennzeichnen ihn als weltlichen Herrscher. Unschwer läßt sich die künstlerische Abhängigkeit vom Bamberger Reiter erkennen. Jedoch ist der Magdeburger reicher und bewegter im Ausdruck, mehr vereinfacht und großzügig geschlossener in der Formgebung.[39]

In stilistischer Nähe zum «Reiter» stehen die Sitzfiguren des Weltenherrschers und der Ecclesia, die auch als Kaiser Otto I. und seine Gemahlin Editha gedeutet werden. Ihr Aufstellungsort ist das sechzehneckige Heilige Grab.

Die eigentümliche Starrheit der Figuren wird belebt durch die ornamentale Führung der Gewandfalten, die auf sächsische Traditionen hinweisen. – Bedeutender ist die als Torso erhaltene Skulptur des heiligen Mauritius, eine der besten Arbeiten der «Magdeburger Schule» und der vierziger Jahre des 13. Jahrhunderts überhaupt. In gemessener Haltung und vollrunder Körperlichkeit steht der Mohr vor uns: mehr Ritter als Heiliger. Hohe Menschlichkeit spricht aus seinem Antlitz. Bei aller Großzügigkeit in der Behandlung der ritterlichen Gewandung hat der Künstler Einzelheiten in naiver Freude wiedergegeben.

Edel und gleichsam von mädchenhafter Frische sind die klugen und törichten Jungfrauen. Die jetzige Aufstellung in der luftigen Paradiesvorhalle (vor 1350) in Zusammenhang mit einem gleichzeitigen Tympanonrelief ist nicht ursprünglich.[40] Sie wurden um 1250 als Säulenfiguren für das (zweite) frühgotische Gewändeportal geschaffen. Hiermit hat der geniale Meister das biblische Gleichnis dieser erschütternden Gerichtsdarstellung erstmals zum selbständigen Portalprogramm erhoben. Die schlanken Mädchenkörper sind belebt von kindlicher Freude oder leidenschaftlicher noch von Jammer und Schmerz. Alle zehn Jungfrauen haben gleiche Gestalt, gleiche Tracht, und bei allen erkennen wir das gleiche Prinzip der Gewandbehandlung. Besonders reich mit Schmuck ausgestattet, allerdings etwas konventioneller in der Haltung – und wohl auch älter – sind die fünf klugen Jungfrauen. Die törichten dagegen erschüttern durch ihren tiefen menschlichen Schmerz. Wie stark muß dieses dramatisierte «Zu spät» auf den mittelalterlichen Menschen gewirkt haben! – Auch der «Jungfrauenmeister» knüpfte an die Bamberger Bildwerke, insbesondere an Ecclesia, Synagoge und Dionysius-Engel an. Aber er steigerte die Kraft der Linie und beherrschte das Spiel der mimischen Gebärde in nahezu unvergleichlicher Weise. Die starke Intensität des Gefühlsausbruches wie die menschliche Art des Vortrages sind ein landschaftsgebundener sächsischer Zug, ebenso der Sinn für plastische, spannungsgeladene Gewandmassen. Auch weichen die Magdeburger Jungfrauen durch den Kopftypus und die langgeschlitzten Augen von der Bamberger Gestaltenwelt ab.

Dem gleichen Thema eng verwandt sind die Ecclesia und die Synagoge. Aber ihre Gewandung ist weicher und staut sich nach unten. Die Ecclesia wird umbrandet von der Flut unruhiger Faltenbildungen eines schweren, lodenartigen Gewandes, das ihr von den Schultern gleitet. «Barocker» geworden, wachsen beide Skulpturen über die jugendfrischen Jungfrauen hinaus. – Eine Mittelstellung – ebenso nach Bamberg weisend – nimmt die Katharina ein (auch als Kunigunde bezeichnet); ein reiferer Frauentyp mit kleinen, faltenwerfenden Brüsten in den sich stauenden

teigigen Gewandmassen. Stark ist ihre Verwandtschaft mit den Mägden des Reiterdenkmals, die die gleichen, wenig von innen durchlebten Gesichter haben.

Von verschiedener Größe ist die Verkündigungsgruppe. Der Engel wirkt durch schmal aufsteigende Faltenbahnen fast schwebend. Seine sanften Bewegungen sind von zartester Empfindung. Das noch grinsende Lachen der klugen Jungfrauen ist bei dem Engel zum behutsamen Lächeln gemildert; er und Maria sind nach Vorbildern in Bamberg frei weitergebildet worden. Die Jungfrau ist mit schweren, tiefenräumlichen Gewandbahnen behängt, die ein großzügiger Gestaltungswille formte. Ihre abweisende Gebärde läßt das Rücksinken in eine lokale, traditionelle Kunstübung erkennen, die ebenso bei den Sitzfiguren und bei der Katharina deutlich wurde.

Eine künstlerisch-technische Besonderheit zeigt die stehende Maria mit dem Kinde (um 1230) im nördlichen Querschiff. Sie ist aus dem Marmorschaft einer Säule gearbeitet und gehört zu den bemerkenswertesten Schöpfungen im Dom. Eigentümlich bewegt erscheinen Haltung und Faltenbahnen, menschlich-innig das Zueinanderneigen von Madonna und Kind. – Stolz und abweisend verhält sich dagegen die Maria mit Kind (um 1300) im südlichen Querschiff, die in ihrer höfisch-damenhaften Art die führende Schicht der damaligen Gesellschaft verkörpert. – Um 1310/20 entstand die Statue des Kaisers Otto I. am Mittelpfeiler des Westportals, die aus dem Standbild einer Maria gearbeitet sein soll. Gesichtsbildung und Gewandordnung des mit Zepter und Reichsapfel versehenen Herrschers weisen zurück zur Naumburger Werkstatt. – Die Grabplatten der Erzbischöfe Otto von Hessen (gest. 1361) und Albrecht von Querfurt (gest. 1403) lassen eine zunehmende bildnismäßige Beobachtung erkennen. Volle Sinnlichkeit der Köpfe, weiche und biegsame Faltenbahnen über den darunter verborgenen Leibern sind charakteristische Merkmale dieser Kunst. Das Grabmal Ottos stammt von der Werkstatt, die auch den Elisabethaltar um 1360 gemeißelt hat. Dieser wurde zur Sühne für den 1325 ermordeten Stadtherrn, Erzbischof Burchard III., von der seit Jahren unter dem päpstlichen Edikt leidenden Bürgerschaft gestiftet. Dargestellt sind in einem steinernen Schrein als Vollreliefs eine Kreuzigung, darunter der Schmerzensmann, flankiert von Erzbischof Otto von Hessen mit der heiligen Elisabeth und derselben mit dem als Eremiten dargestellten Konrad von Marburg, der Arme speist.[41] Weich und biegsam mit harmonischen Faltenschwüngen, sind die ehemals farbig gefaßten Figuren von wirkungsvoller Anmut.

Einen besonderen Wert hat das halboffene Chorgestühl. Um 1370 entstanden, gehört es in den magdeburgisch-halberstädtischen Kunstkreis. Eindringlich erzählen die Holzschnitzer aus dem Leben, insbesondere von der Passion Christi, und fabulieren mit reicher Phantasie ein prächtiges «Bilderbuch». In den überlieferten und vom Auftraggeber vorgeschriebenen Stoff haben sie dämonische Wesen oder bei den auf Kölner Einfluß zurückgehenden Miserikordien lehrhafte Ausdeutungen hineingewoben. Es ist lohnend, neben den prächtig geschmückten Wangenbrettern auch die hochgeklappten Sitze zu studieren, weil sie uns Aufschluß über die Variationsbreite und die humorvolle Gedankenwelt mittelalterlicher Handwerkskunst geben.

Die ergreifende Pietà aus Kunststein – vermutlich böhmischer Herkunft – mit dem Faltenwurf des Weichen Stils ist ein Werk der Zeit um 1400. – Die Kleinteiligkeit des spätgotischen Lettners (1445 bis 1451) erfährt in dem monumentalen Innenraum des Domes eine Steigerung ins Dünnblütig-Magere; Kielbogen- und Fischblasenmotive sowie krauses Formenwerk überziehen seine Fassade. – Ein wenig später entstand der heilige Mauritius aus Alabaster (1467); ebenso die kleinteilig reich geschmückte Westfassade mit einem Zyklus über Christus und die Apostel. Der Realismus dieser Darstellungen geht auf einen Schüler Tilman Riemenschneiders und auf einen niederdeutschen Meister zurück. – Der Auftraggeber dieser spätgotischen Kunstwerke, Erzbischof Ernst von Wettin, ließ die Turmhalle durch ein prächtiges Gitter aus Schmiedeeisen abschließen und mit Altar und Gestühl zu einem Westchor einrichten, ähnlich wie in Merseburg oder – als eigener Chorraum – in Naumburg und Meißen. Peter Vischer der Ältere aus Nürnberg schuf 1495 das bronzene Grabmonument mit der darauf liegenden Gestalt des Kirchenfürsten. Die Tumba mit dem rhythmischen Wechsel von künstlerisch vollen-

deten Figuren (Apostel, die Heiligen Mauritius und Stephanus) und reichen Wappen auf dem Blendwerkhintergrund der Wände ist neben dem bekannteren Sebaldusgrab das bedeutendste Werk des berühmten Bronzegießers. Auch der Königin Editha ließ Ernst von Wettin ein Grabmal über ihrer Gruft errichten (um 1510). Es erhebt sich vor der Scheitelkapelle des Chores mit der Dargestellten auf dem Sarkophag, den Heiligen Adelheid, Kunigunde, Elisabeth und Hedwig sowie mit Wappenschmuck und spätgotischen Astwerkbildungen.

Ein Großrelief der Heiligen Sippe (um 1500) in der Marienkapelle, die überlebensgroßen Skulpturen der Heiligen Katharina und Mauritius (um 1525), ursprünglich beiderseits des westlichen Nordportals, sowie eine zierliche Madonna am Kanzelpfeiler des Langhauses (nach 1510) mögen die Vorstellung über die erhaltenen Bildwerke der Spätgotik ergänzen.[42]

Man muß bedenken, daß die genannten Werke nur die Reste einer prunkvollen Ausstattung der Kathedrale sind. Lediglich Grabsteine haben sich in größerer Zahl erhalten. Von der polychromen Ausgestaltung der Wände und Schmuckformen, den farbenfreudigen Glasmalereien, den Fahnen, Waffen und Wandbehängen sowie von den seltenen, kostbaren und kuriosen Erinnerungsstücken aus fernen Ländern und Funden ist nichts mehr erhalten. Den Bilderstürmern fielen seit 1524 die zahlreichen Altäre und auch viele kostbare Bildwerke zum Opfer. Die wertvollen Goldschmiedearbeiten, Monstranzen, Kelche, Vortragekreuze, kostbar gefaßten Reliquien, Heiligtumsbehälter, Kodizes und auch prunkvollen Priestergewänder sind alle verloren. Sie traten vor allem an hohen Festtagen, zu Fronleichnam und am Mauritiustag, unter großem kirchlichem Pomp in Erscheinung. Noch heute empfinden wir aber den Dom mit den meist museal aufgestellten Resten der plastischen Ausstattung als ein gewaltiges steinernes Gehäuse, das mit der Fülle der Kunstwerke, der zelebrierenden Schar der besonders bevorrechteten Priester dem auf festliche Wirkung berechneten Kult des katholischen Mittelalters zu dienen hatte.

DER DOM ZU HALBERSTADT

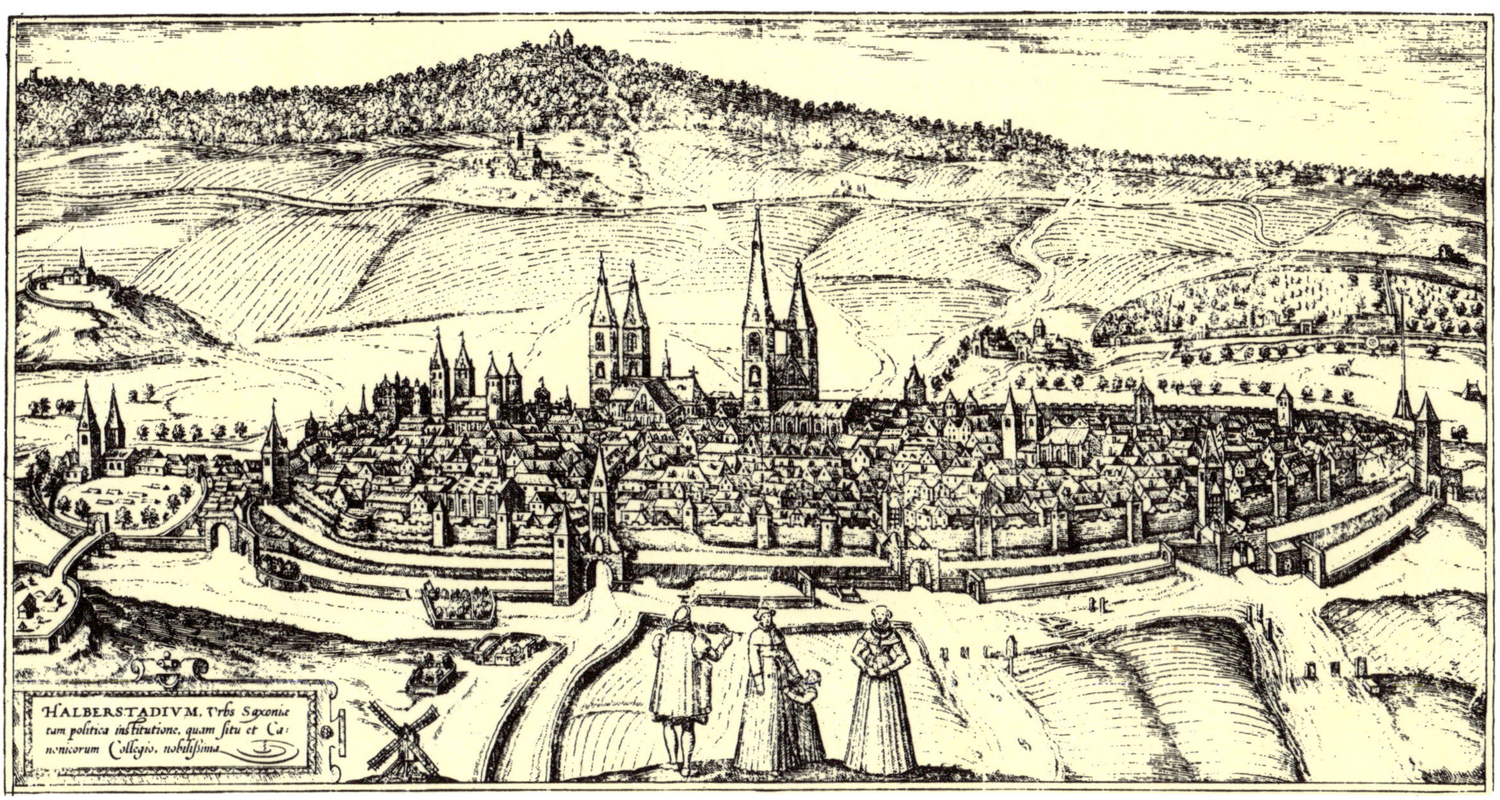

Halberstadt von Norden.
Kupferstich aus dem Städtebuch von Braun und
Hogenberg (1580)

ENTSTEHUNGSGESCHICHTE

Halberstadt mit seinen zahlreichen Kirchen und heute nur noch zum Teil erhaltenen Fachwerkhäusern liegt in einer subherzynischen Kreidemulde und bildet den natürlichen Mittelpunkt des welligen nördlichen Harzvorlandes. Uralte Verkehrslinien kreuzten sich im Schutze der Domanhöhe, die sich nierenförmig über dem Stadtgelände erhebt. Noch ehe der Bischofssitz, der erst seit 827 nachweisbar ist, nach Halberstadt verlegt wurde, muß hier bereits eine ältere Siedlung bestanden haben. 780 oder 781 hatte Karl der Große für das Gebiet nördlich und nordöstlich des Harzes in Seligenstadt (vermutlich Osterwieck) ein Stift als Missionsmittelpunkt gegründet. Der fränkische Bischof Hildegrim von Châlons-sur-Marne, dem die Leitung übertragen worden war, verlegte den Missionssitz nach dem strategisch günstiger gelegenen Platz Halberstadt an der alten und wichtigen West-Ost-Straße vom Rhein zur Elbe. Im frühen 9. Jahrhundert wurde der Ort zum Bischofssitz erhoben. Er war damit die älteste geistliche Metropole des mittleren Deutschlands und in karolingischer Zeit das am weitesten nach Osten vorgreifende Bistum des Frankenreiches. Inmitten der vorstädtischen Siedlungen erhob sich auf einem langgestreckten Hügel der umwehrte Missionsstützpunkt. Im Westen lag schützend die Hartinggauburg, das weltlich-militärische Zentrum des obersten fränkischen Beamten, des Gaugrafen. Östlich der Domburg konzentrierte sich an der Kreuzung der Fernverkehrslinien der frühe Markt, ein Handelsplatz, der durch die neue Konsumentengruppe der stiftischen Kleriker einen starken Auftrieb erhielt. In der Niederung dürften sich auf älterer Grundlage die Anfänge der stiftischen Vogtei mit ihren Herrenhöfen gebildet haben. Von der Ausstrahlung der karolingischen Metropole, die wir uns einfach und zweckmäßig vorstellen müssen, künden die 35 Urpfarreien Hildegrims, von denen 21 Stephanskirchen bekannt sind: so die zu Osterwieck mit wehrhaften Westtürmen, die zu Aschersleben und eine frühzeitig verschollene in Magdeburg.

Durch Grabungen im Zusammenhang mit Instandsetzungsarbeiten nach schweren Kriegszerstörungen
gelang es, die Vorgeschichte des heutigen Domes
weitgehend aufzuhellen.[43] Die karolingische Dom-
siedlung, die sich kaum über die Osthälfte der späteren Immunität erstreckt haben wird, war wohl von einer einfachen Holz-Erde-Befestigung geschützt. Den
Mittelpunkt des Missionsorganismus bildete der dem
heiligen Stephanus geweihte Dom, eine gedrungene
dreischiffige Basilika mit unechtem Querhaus und einem Dreizellensanktuarium. Bereits 814 erfahren wir
aus der Bestätigungsurkunde Ludwigs des Frommen
von einer Kirche des heiligen Stephanus. Um diesen
Gründungsbau gruppierten sich im Westen ein Zentralbau, der als Sepulkral- und Taufkirche diente, im
Süden und wohl auch im Osten die Stiftsgebäude und
im Norden die bischöfliche Behausung mit der Kapelle Johann und Paul, die noch vor 827 errichtet
worden war.

Die liturgischen Bedürfnisse des Missionsmittel-
punktes verlangten bei fortschreitender Entwicklung
ein aufwendigeres, den neuen Ansprüchen vollkom-
men genügendes Gotteshaus. Vor dem frühkarolingi-
schen Urbau, der als Kern stehenblieb, erhob sich anstelle des Zentralbaues bald ein Westwerk, wie sie der
Frankenkaiser als kaiserliche Eigenkirchen und
Machtsymbole vorzugsweise im «zwangsmissionierten» Sachsen (Hans Thümmler) errichten ließ.[44] Als
Ostabschluß entstand eine großartige Chorpartie mit
einem weitausladenden Querschiff über dem älteren
Sanktuarium. Um das herkömmliche Chorquadrat
mit Apsis legte sich ein stollenartiger Umgang, eine
sogenannte Ringkrypta, mit einer kreuzförmigen Au-
ßenkrypta im Scheitel. Ein Kryptenstollen führte
gleichzeitig unter die Chormitte, wo er eine Grabzella
für den Heiligenkult vor der Ostwand des Sanktua-
riums freigab. Der vierte Bischof, Hildegrim II.,
weihte diesen Dom «im Beisein vieler Bischöfe» im
Jahre 859.[45]

Nachdem dieser offenbar schlecht gebaute (zweite)
Dom 965 eingestürzt war, erneuerten die Bischöfe
Bernhard und sein Nachfolger Hildeward die spätkarolingische Anlage von Grund auf. Die Ostpartie
wurde um Kapellen bereichert, die radial den Umgang umschlossen – ähnlich wie an der Stiftskirche zu

Corvey. Außerdem erhielten Umgang und Außen-
krypta für den Wandelgottesdienst noch ein zweites
Geschoß (Weihe 973). – Durchgreifende Veränderungen erfolgten im Westen. Das karolingische Westwerk, das sich über der alten Grab- und Taufkapelle
erhob, wurde beseitigt. An seiner Stelle entstand als
Gegenpol zu den weitausladenden Ostteilen – ähnlich
wie bei der erzbischöflichen Kathedrale zu Magdeburg oder bei der ottonischen Klosterkirche zu Memleben – ein Westquerhaus mit einem Westchor, der
von quadratischen Türmen flankiert wurde. Der Ostchor der doppelchörigen Basilika war dem heiligen
Stephanus, der Westchor dem heiligen Sixtus geweiht. Dieser enthielt noch ein hochgelegenes Orato-
rium, das den Erzengeln Michael, Gabriel und Ra-
phael geweiht war. Diese Umbildung entspricht der
der ottonischen Kaiserdome, die in Straßburg, Magdeburg und Merseburg um 1000 machtvoll und bipolar emporwuchsen. Die Weihe des reich gruppierten
Bauwerkes fand 992 unter großem Gepränge statt.[46]
Hildeward vollzog sie mit 12 Bischöfen, zahlreichen
Äbten und weltlichen Großen, an der Spitze Kaiserin
Adelheid und Otto III. im vollen Königsornat. Die
glanzvolle Einweihung darf jedoch nicht darüber hin-
wegtäuschen, daß das alte Missionsbistum mit der
Einrichtung neuer Bistümer, die im Zuge der ottonischen Ostexpansion erfolgte, seine ursprüngliche Bedeutung verloren hatte. Bischof Bernhard hatte sich
zu Lebzeiten gegen die Errichtung des Erzbistums
Magdeburg und die damit verbundene Machteinbuße
gesträubt; sein Nachfolger Hildeward fügte sich 968
dem Willen Ottos I. Als Missionsbistum und Wegbereiter des Christentums hat es jedoch seine besondere
Würde – wie noch die gotische Kathedrale zeigt – immer behalten. Der Bauprozeß und der künstlerisch-
gestalterische Aufwand des Dombaues wird, wie
Ernst Schubert erkannte, seit der Errichtung des Erzbistums Magdeburg 968 im Sinne einer Rivalität zwischen dem älteren bischöflichen Stift Halberstadt und
dem aufstrebenden Magdeburg vorangetrieben. Die
kämpferischen Auseinandersetzungen des erzbischöflichen Stadtherrn mit dem um seine politischen Freiheiten ringenden Bürgertum sind die andere Kompo-
nente der progressiven Spannungen während des
Dombaues in spätottonischer und in gotischer Zeit.

Mit dem Bischofssitz als kulturellem und militärisch-politischem Zentrum entwickelten sich auch die übrigen Teile der frühstädtisch-ottonischen Siedlungslandschaft, insbesondere der bürgerliche Markt. 989 verlieh Otto III. dem Halberstädter Bischof Markt, Münze, Zollrecht und Heerbann und machte ihn damit zum Stadtherrn. Wohl unter dem Eindruck des Slawenaufstandes von 983 ersetzten die Bischöfe die einfachen Schutzwehren der Domimmunität durch eine mächtige Steinmauer mit einem Wall-Graben-System davor, die Arnulf 1018 «zu Ehren des Allmächtigen und des Erzmärtyrers Stephanus» einweihte. – In der Westhälfte der erweiterten Domimmunität entstand 1005 das Liebfrauenstift als architektonischer Gegenpol zur Bischofskirche. Im Laufe des 11. Jahrhunderts wuchsen im Umkreis des klerikalen Machtzentrums weitere Stifte empor: St. Johannis im Westen auf dem Gelände der erledigten Grafenburg, St. Paulus im Osten und mehrere im Norden. Die Marktkirche St. Martini, die vor der Erbauung des ersten Rathauses auch als Versammlungsort diente, kündete mahnend von der Macht des aufstrebenden Bürgertums.

Bewegt ist die Geschichte Halberstadts auch im 11. und 12. Jahrhundert. Die während des Investiturstreites gegen Heinrich IV. auftretenden Bischöfe brachten Krieg und Unheil über die sächsische Metropole. Volksaufstände 1088 und 1153 erschütterten das autokratische Regiment des geistlichen Stadtherrn. 1060 wütete ein Großbrand, nach dem der Dom wieder instand gesetzt wurde, ebenso die bischöfliche Pfalzkirche vor dem nördlichen Querhaus. Schwere Schäden entstanden, als Heinrich der Löwe 1179 Halberstadt eroberte und in Brand steckte. Der alte karolingisch-ottonische Dom wurde abermals ausgebessert und dabei offenbar eingewölbt. 1187 waren die Bauarbeiten im Gange, die durch eine Weihe 1220 als abgeschlossen zu betrachten sind.

Das erste Viertel des 13. Jahrhunderts bildete für Halberstadt einen geschichtlichen Wendepunkt in doppelter Hinsicht. Von einem Höhepunkt künstlerischen Schaffens künden allein die Chorschranken von Liebfrauen und die ebenso berühmte spätromanische Triumphkreuzgruppe, die aller Wahrscheinlichkeit nach für die Domweihe 1220 geschaffen wurde. Eine glanzvolle Erhöhung erfuhr das Ansehen des Bistums durch einen Schatz seltener Reliquien und zahlreicher Kostbarkeiten, die Bischof Konrad von Krosigk 1205 von Byzanz mitbrachte, als er von einem Kreuzzug heimkehrte. Die Überführung und liturgische Zurschaustellung dieser Heiligtümer wurde lange Zeit als Volksfest begangen.

Zur gleichen Zeit aber, da der Klerus seine kulturelle Machthöhe demonstrierte, bahnte sich eine politische Verlagerung der Macht vor den Toren der Domburg an. Der bürgerliche Markt war im Verlaufe des 11. und 12. Jahrhunderts ökonomisch erstarkt und hatte sich räumlich außerordentlich erweitert. Im frühen 13. Jahrhundert vollzog sich gesetzmäßig auch in Halberstadt politisch und städtebaulich die Umwandlung von der stadtherrlich-romanischen zur bürgerlich-gotischen Stadt. 1206 bis 1236 entstand, am Anfang noch vom Bischof betrieben, der Bau einer mächtigen Stadtmauer, die die Befestigungen der feudalen Domburg und der Adelshöfe bald völlig entwertete. Die Vertreter der Bürgerschaft lösten sich aus der bischöflichen Ratsversammlung und führten seit 1223 ein städtisches Siegel mit eigenem Wappen. Der Bau eines Rathauses 1241 südlich gegenüber der Martinikirche, dem Ort der vorangegangenen politischen Versammlungen, zeigt, daß Kaufleute und Handwerker die neue politische Triebkraft der Stadt verkörpern. Der riesige Skelettbau der gotischen Kathedrale, der in zweieinhalb Jahrhunderten langsam und in Etappen aufgerichtet wurde, entstand nicht in friedlicher Harmonie, sondern in einer Zeit härtester Auseinandersetzungen der Bischöfe mit der nach Freiheit strebenden Bürgerschaft. Es ist bemerkenswert, daß der Fortgang der Bauabschnitte weniger mit friedlichen Zeiten zusammenfiel, sondern oft gerade dann vom Klerus forciert wurde, wenn die Spannungen zwischen ihm und der Bürgerschaft am größten waren. Der Bau der Kathedrale wurde trotz innerer Kämpfe, wie auch in anderen Städten (z. B. Laon oder Straßburg), mit Leidenschaft und Hingabe betrieben, wobei sich in Halberstadt eine religiöse Brüderschaft von Klerikern und vor allem Laien bildete. Lebendige und Tote, Männer und Frauen konnten zu dieser «fraternitas» gehören. Die Beitrittsgelder flossen in die Baukasse. Die Gründung der Brüderschaft erfolgte etwa im ersten Drittel des 14. Jahrhunderts wohl nach Vorbild der etwa gleichzeitig entstandenen

Petersbrüderschaft zu Köln, die zur Unterstützung des Dombaues mit Erfolg ins Leben gerufen worden war. Die Halberstädter Stephansbrüderschaft, der neben zahlreichen Bürgern und Adligen der Bischof und die Domherren angehörten, war eine Art Dombauverein. Brüderschaft und Bauleitung bildeten anfangs eine Einheit, die sich jedoch seit 1417 lockerte; der Versammlungsort war die Stephanskapelle. Das Schlußglied der norddeutschen Dombauvereine – es gab solche später in Lübeck, Lüneburg und Hamburg – bildete die Magdeburger Mauritiusbrüderschaft, die Erzbischof Ernst, sicher nach Halberstädter Vorbild, am Ende des 15. Jahrhunderts zur Vollendung des Domes ins Leben gerufen hatte.

DIE GOTISCHE KATHEDRALE

In der Altstadt ragt der heutige Dom aus einem Gewirr von Fachwerkhäusern und Bauten unserer Tage empor. Gleichsam als ein Wahrzeichen steht er mit seinem hohen Schiff und den schlanken Doppeltürmen inmitten der reizvollen Hügelketten des Harzvorlandes. Kontrastreich hebt er sich von der reich gruppierten romanischen Liebfrauenkirche ab. Die gotische Bischofskirche an der östlichen Schmalseite des weiträumigen Domplatzes erscheint dem Betrachter wie ein gewaltiges Steingehäuse aus Filigran. Von Norden her, von den Kurien des Hochstiftes, überblickt man die ganze Länge der Schiffe und des Hohen Chores. Von Süden, aus dem malerischen Kreuzgang oder von den Türmen von St. Martini, erlebt der Verweilende den ganzen Reichtum der mannigfaltig gebildeten und ineinander gestellten und verschmolzenen Baukörper. Dächer und Giebel durchdringen und staffeln sich empor bis in die Höhe der schlanken Helme der Westfassade. Gewaltig stemmt sich das überlange Querhaus in den intimen Raum des Kreuzganges hinein. Gleich einem Gerüst umzieht das Strebewerk die hochgereckte Basilika; die Riesenfenster werden durch reiches Maßwerk verschleiert. Verbrämt und genial verunklärt sind die Ansätze der steilen Satteldächer und die klaren Linien des Strebesystems, der kühnen Hilfskonstruktion der Kathedrale. Ihr Riesenleib hat alle liturgischen Funktionen in sich vereinigt, die früher von einer ganzen «Kirchenfamilie» wahrgenommen wurden. Die kreuzförmige Basilika, deren Mittelschiff besonders hoch über die Seitenschiffe herausragt, hat einen langgestreckten, polygonal gebrochenen Chor, den ein Chorumgang mit einer Marienkapelle im Scheitel umzieht. An den südlich gelegenen Kreuzgang schließen im Westen die Neustädter Kapelle, dahinter der frühgotische Remter und im Osten der romanische Kapitelsaal(?) mit der hochgotischen Stephanskapelle an.

Blockhaft und erdgebunden sind die unteren Teile der Westfassade: unfertig, unregelmäßig und unruhig flächig aufgeschichtet. Über dem abgetreppten Rundbogenfries – spätromanische und frühgotische Formen gehen (scheinbar) willkürlich durcheinander – lösen sich emporstrebend die schlanken, kantigen Türme, zwischen ihnen das luftige, durch Fenster gegliederte Turmhaus. Das von Säulchen und Bogenfriesen reich gegliederte Gewändeportal führt in die frühgotische Turmhalle.

Im Langhaus umfängt tiefe Stille den Eintretenden. Steil und von fast schwindelnder Höhe ist der geheiligte Raum. Nicht Wand, sondern Folge unzähliger Pfeilerbündel ist der Raummantel, nicht geschlossen, sondern geheimnisvoll diaphan. Unablässig fluten die Energien der unzähligen Dienste in senkrechter Richtung. Sie tragen mit Leichtigkeit die scheinbar schwerelosen Rippen der Gewölbe. Entmaterialisierter Stein! Kurz sind die Abstände der engen Arkaden, deren Bündelpfeiler die nüchterne Wandzone tragen, darüber weite, spitzbogige Maßwerkfenster. – Von steiler Höhe und zwingender Länge, weihevoll ist das Mittelschiff. Seine Großartigkeit und Raumfülle würdigt die schmalen Seitenschiffe zu schluchtartigen Nebenräumen herab, die den Hauptraum – Langhaus und Hohen Chor – wie eine Raumfolie dienend umziehen. Fast unendlich ist der Weg aus dem Dunkel der Westturmhalle hin zum Allerheiligsten. Er wird gehemmt durch die formenübersponnene spätgotische Lettnervorhalle, über der hoheitsvoll und streng das spätromanische Triumphkreuz hängt. Dahinter liegt der Hohe Chor, der dem Laien verschlossene Bereich des bischöflichen Klerus. Seine Vertreter nahmen standesgemäß in dem holzgeschnitzten Chorgestühl Platz. Ihnen zu Häupten, streng in die Architektur eingebunden, wohnten die steinernen Bildwerke der Apostel und Heiligen als Zeugen des

Der Dom zu Halberstadt vor 1858.
Stahlstich
nach einem Gemälde von Carl Georg Adolf Hasenpflug

christlichen Heilsgeschehens den liturgischen Versammlungen der Geistlichkeit bei.

Die Kathedrale ist von größter Bildhaftigkeit. Nach mittelalterlich-scholastischen Vorstellungen versinnbildlicht sie den Leib Christi, der die Gläubigen in sich aufnimmt. Nach der antiken Stadtvorstellung mit ihren prächtigen Säulenstraßen war die Kathedrale mit ihren Riesenarkaden, Gewölben und all ihrer unbeschreiblichen Pracht für den Menschen des Mittelalters das «himmlische Jerusalem».

Das Langhaus und teilweise auch das Äußere bereicherten Bildwerke von Heiligen oder auch in der Form von Wasserspeiern dämonische Wesen. Reich war die Ausstattung an Altären, Taufsteinen, Pulten, Wandbehängen und sonderbaren Dingen, wie dem mächtigen Walfischknochen in der Turmhalle. Als eine Besonderheit haben sich umfangreiche Teile des Domschatzes bis in unsere Tage erhalten. Erzählend und raumgestaltend zugleich waren die kostbaren Glasfenster, die im Chorumgang und in der Marienkapelle heute noch einen farbtrunkenen Raum schaffen. Sie waren zugleich riesige Bilderbücher für den des Lesens unkundigen Laien des Mittelalters. In seltener Eindringlichkeit wirkt, trotz mannigfaltiger Raumeindrücke und verschiedenartiger Architekturformen, der Dom zu Halberstadt als ein Gesamtkunstwerk auf uns: großartig und einheitlich. Aber jene künstlerische Einheitlichkeit ist eine charakteristisch mittelalterliche. Sie ist voller untergeordneter Unregelmäßigkeiten und innerer Spannungen. Ihnen nachzuspüren bedeutet für uns, die Geschichte und das Wesen des großartigen Raumorganismus und der gestaltenden und bauenden Menschen nachzuerleben.

BAUGESCHICHTE

Mit dem Neubau des Domes, der bereits 1239 im Gange war, bis 1491 währte und einen vollständigen Abbruch des alten karolingisch-ottonischen Baues voraussetzte, stand auch Halberstadt in der vordersten Reihe der Bischofsstädte des Reiches. Die verschiedenen Einflüsse lassen erkennen, wie sehr sich besonders Halberstadt mit fremdem Ideengut auseinandersetzte. Im Gegensatz zum Magdeburger Dom, der während des Bauens immer sächsischer wurde, ist der Halberstädter stärker Einflüssen anderer Kunstlandschaften erlegen. Besonders deutlich ist der am Ende des 13. Jahrhunderts zunehmende Einfluß aus

Frankreich zu spüren, auf das sich Halberstadt als Suffraganbistum von Mainz offenbar stärker orientierte als das vom Westen unabhängigere Erzbistum Magdeburg. Der dort seit 1209 mächtig emporwachsende Dom dürfte andererseits den Anstoß gegeben haben, in Halberstadt, dem viel älteren Bischofssitz, ebenfalls oder gar noch konsequenter im «modernen» Stil emporreißender Gotik zu bauen.

Der schrittweise sich vollendende Neubau verlangte die ganze Anspannung der wirtschaftlichen Kräfte und zahlreiche Ablässe. Zur Förderung und Koordinierung der Interessen wurde bald die bereits erwähnte Brüderschaft St. Stephan als «Dombauverein» ins Leben gerufen. Trotzdem ging es – wie bei den anderen mittelalterlichen Großbauten – nur etappenweise vorwärts. Entsprechend dem Bauvorgang mußte in Abschnitten der ebenso organisch gewachsene Vorgängerbau, der reich gruppierte und oft ausgebesserte karolingisch-ottonische Bau, weichen. Der Neubau sollte riesig werden. Man begann nach dem Vorbild der Kathedrale von Laon mit der Errichtung der wahrzeichenhaften Westfassade. Sie legte sich breit und wirkungsvoll unmittelbar westlich vor die alte Kirche, ohne daß vorerst deren gottesdienstliche Funktion eingeschränkt wurde; diese mußte bei den langen Bauzeiten über Jahrhunderte hinweg immer gewährleistet sein.

I. Der ersten Bauetappe liegt eine einheitliche zisterziensische Konzeption zugrunde, die Hermann Giesau den «Walkenrieder Plan» nennt.[47] Bemerkenswert ist hier, daß von einem Reformorden – das waren die Zisterzienser – die Gestalt einer Kathedrale bestimmt werden sollte. Dieser erste Bauabschnitt fällt im wesentlichen mit der Amtszeit des Bischofs Meinhard von Kranichfeld (1241 bis 1252) zusammen, der seine gelehrte Ausbildung am Zisterzienserkloster Walkenried erhalten hatte. Offenbar hat er die beim Magdeburger Dombau freigewordene Hütte des Ordens, die von Maulbronn über Ebrach und Walkenried gekommen war, für die Ausführung herangezogen. Als Initiator wird der 1245 gestorbene Propst Johann Semeca genannt. Die frühgotische Westfront – eine architektonische Urkunde ersten Ranges – besteht aus zwei Bauabschnitten: dem gedrungenen, blockhaften Unterteil der Zisterzienser-Bauhütte und den herauswachsenden schlanken Türmen. Eine mächtige Portalbucht öffnet sich dem

Strom der Gläubigen, darüber schmückt eine riesige Fensterrose mit vorwiegend romanischen Formen die Fassade. Außer diesen monumentalen Öffnungen, die wirkungsvoll abgestuft, vergittert und geschichtet sind, beherrscht die schwere Mauer den Turmblock. Der Versuch, diesen durch Blendfenster, Blendarkaden oder andere Eintiefungen aufzuschichten, ist ein Mittel zisterziensischer Baukunst, ebenso die Gliederung durch gestängehafte Wülste an den Turmecken. Auch die Schaftringe und Rosetten sowie die schlanken Kelchkapitelle mit sich öffnenden Knospen gehören ähnlich wie die am Dom zu Magdeburg zum charakteristischen Formengut des Ordens. Bemerkenswert ist das Zurückdrängen des Figürlichen, das die französischen Portale in üppiger Fülle beherrscht. Das Programm des für Sachsen einmaligen Portals – die Darstellung des Jüngsten Gerichtes – entbehrt jeder propagandistischen Wirkung. Der Betrachter muß es aus den versprengten Figürchen und Köpfen kleinsten Formats in den Architekturelementen zusammensuchen. Zwei Blendbögen flankieren das Hauptportal. Diese und die vorgestellten Bündelpfeiler deuten auf eine Vorhalle hin. Sie sollte sich nach burgundischem Vorbild dreischiffig mit quadratischem Mittelraum und rippenüberwölbten Seitenschiffen der Westfassade vorlegen.[48] – Plastisch und schwer sind auch die kargen Wände der Turmhalle gegliedert, und zwar im Wechsel von Kelchblock- und Kelchkapitellen. An den Turmportalen, wo die hervorragende Steinmetztechnik der zisterziensischen Bauleute besonders gut sichtbar wird, treten Konsolformen auf, die im Magdeburger Bischofsgang mit dem Halbmondsymbol dieser Bauleute geschmückt sind. Wie wenig gotisch die im Plan der Mönche vorgesehene Basilika an die Westfront ansetzen sollte, zeigt die Ostaußenseite des Nordturmes, wo der zisterziensische Traufenübergang des beabsichtigten Mittelschiffes erkennbar ist. Im Innern läßt sich dagegen an der östlichen Turmwand die niedrige Höhe der geplanten Seitenschiffe feststellen. Ähnlich wie beim Magdeburger Dom sollte eine Emporenzone das Innere horizontal untergliedern. Diese dem gotischen Vertikalismus entgegenstrebende Maßnahme – am großartigsten in Laon verwirklicht – unterblieb beim Weiterbau. Während die beschriebenen Partien etwa 1250 beendet gewesen sein dürften, wurden die Türme aufstrebender und offener, aber noch mit den Formen der zisterziensischen Frühgotik in der zweiten

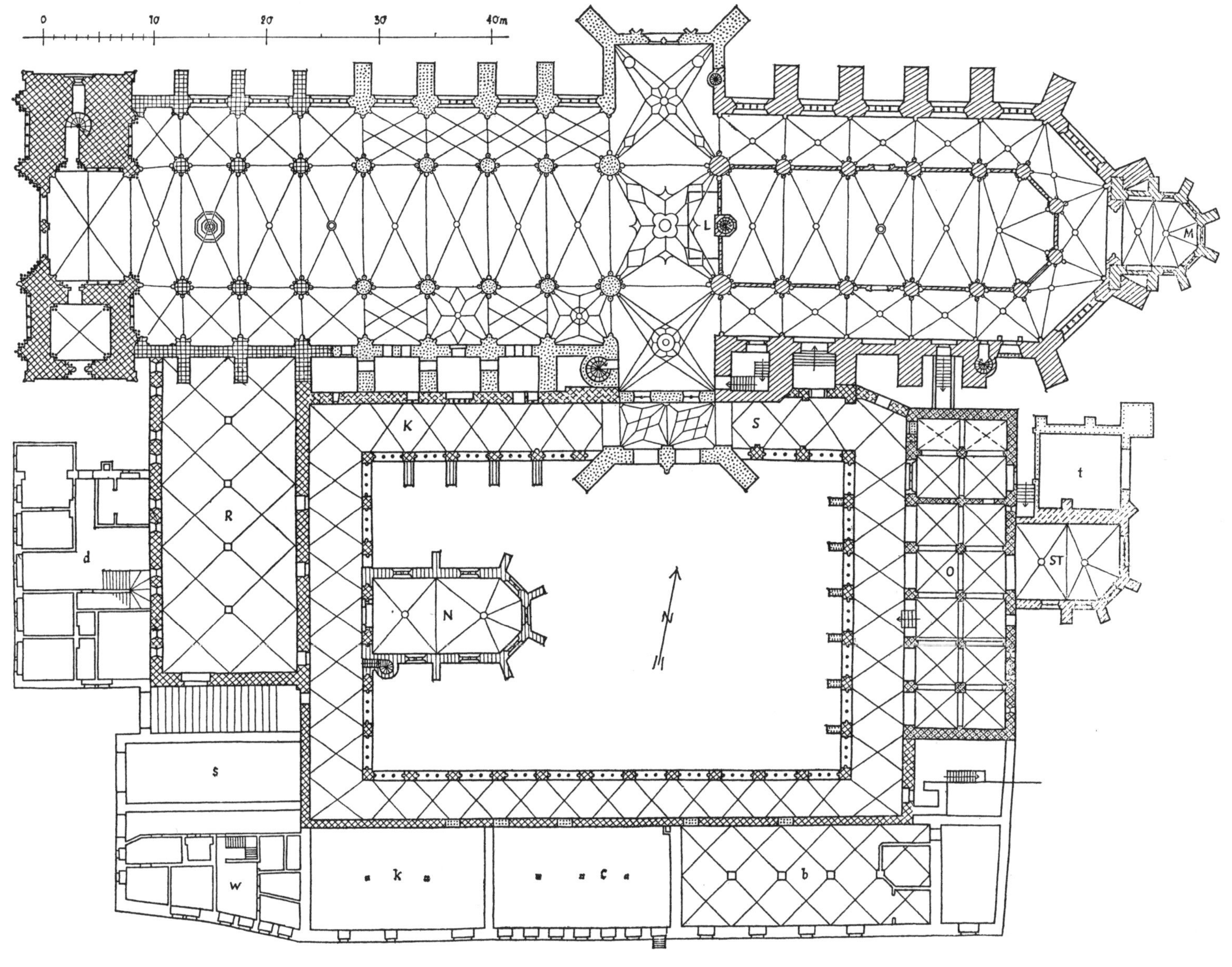

*Der Dom zu Halberstadt. Grundriß
mit Bauabschnitten*

	um 1150	Romanischer «Kapitelsaal» (O)
	vor 1239 bis etwa 1250	Frühgotisch-zisterziensischer Bauabschnitt: Untergeschosse des Westbaues mit Vorhalle, Kreuzgang und Remter (R)
		Mauerwerk, Bauzeit unsicher
	nach 1250 bis vor 1317	Bauabschnitt unter französischem Einfluß (Westjoche 1 bis 3)
	1340 bis um 1350	Scheitelkapelle St. Marien (M) am Hohen Chor
	um 1350 bis 1401	Hoher Chor mit Umgang und Chorschranken; Abbruch der Ludgerkapelle 1354 Abweichung der Chorachse nicht maßstabsgerecht
	1417	Kapelle St. Stephan (ST)
	Anfang 15. Jahrh. bis etwa 1466	Querhaus mit Nordportal (um 1440) und Nordempore, nördliches und südliches Seitenschiff, Langhaus
	um 1466	Wölbung des Querhauses, Südempore
	um 1480	Wölbung des Langhauses
	1491	Gesamtweihe des Domes

1503		Neustädter Kapelle (N)
1510		Spätgotischer Lettner (L)
K		Spätgotischer Kapitelsaal (über Kreuzgang und Nordteil des Remters). 1514
S		Schatzkammer (über Kreuzgang). 1239 bis etwa 1250
		Strebepfeiler (15. Jahrhundert)
		Strebepfeiler (19. Jahrhundert)
		Mauerwerk (19. Jahrhundert)
		zum Domstift gehörende Gebäude, im 19. Jahrhundert abgebrochen
d		Domkeller
s		Scheune
w		Wohnhaus
k		Kornhaus
c		Choralei
b		Bibliothek
t		Ständestube

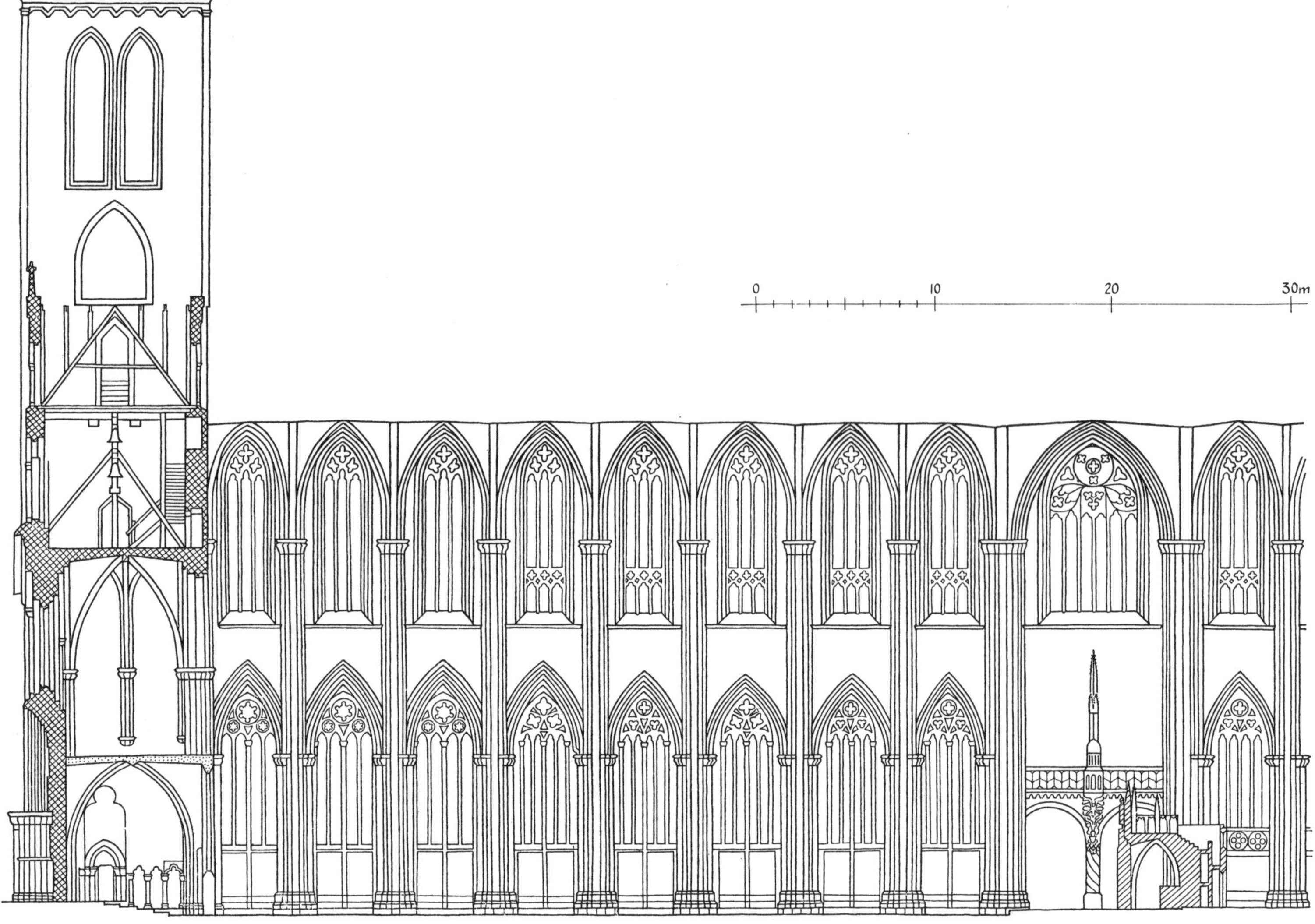

Der Dom zu Halberstadt. Längsschnitt
von West nach Ost

Hälfte des 13. Jahrhunderts weiter ausgeführt.[49] Aus der gleichen Epoche stammen das frühgotische Refektorium und der weiträumige Kreuzgang. Von besonderem Reiz ist hier das Motiv der Arkadengliederung mit gestelzten Bogenunterteilungen, deren Zwischensäulen in flachen Basen und spätromanischen Kelchblockkapitellen enden. Im Nord- und im Ostflügel lassen Ansatzstellen mit qualitätvoller Bauplastik erkennen, daß man ursprünglich den Kreuzgang noch reicher mit Schmuck versehen wollte.[50]

II. Der zweite Bauabschnitt, der nach 1250 wohl ohne zeitliche Unterbrechung an den ersten anschloß, reicht bis 1276 (oder darüber hinaus), wonach offenbar durch kriegerische Unruhen eine längere Stockung der Bautätigkeit einsetzte. Besonders gut läßt sich die Bauabfolge an der Nordseite des Domes studieren, wo sich das geschlossene frühgotisch-zister-

ziensische Turmwerk, das maßvoll abgestufte Skelettsystem der drei hochgotischen Westjoche und das reich dekorierte Strebewerk der Spätgotik deutlich voneinander absetzen. Selbst die Sockelprofile widerspiegeln die stilistischen Veränderungen. Den drei westlichen Langschiffjochen mußte ein Teil der ottonischen Kirche weichen, nämlich die durch das Querhaus und die Chorflankentürme reich gruppierte Westpartie, die sich anstelle des karolingischen Westwerkes erhob.

Mit der Preisgabe des zisterziensischen Planes wird unter Bischof Volkrad von Kranichfeld (1255 bis 1298) die reine, aber voll entwickelte Gotik französischer Prägung zum Vorbild genommen. Durch den Verzicht auf die Emporen – ähnlich wie bei Magdeburg – vermochte man die Wirkung der hohen Arkaden mit ihren eng gestellten Pfeilern noch mehr zu erhöhen. Eine deutsche Eigenart ist es, auch auf die für

Querschnitt von Nord nach Süd

mend wurde für den weiteren, allerdings sehr stokkenden Ausbau des gesamten Bauwerkes. Während bis zur Vollendung 1491 an dieser Konzeption der großartigen Einheitlichkeit durch viele Generationen festgehalten wurde, lassen sich jedoch in den künstlerischen und auch in den technischen Details die stilistische Entwicklung und die verschiedenen fremden Einflüsse ablesen. Schmuckformen, die in Quedlinburg oder Magdeburg in reicher Fülle geradezu aus der Wand hervorquellen, treten hier zurückhaltender in Erscheinung. Die Blätter, Blüten und Früchte der Laubverzierung oder die Kapitellkränze und Schlußsteine sind nach Ernst Schubert «fast noch realistischnatürliche Abbilder der heimischen Flora», verwandt mit der Ornamentik des 1268 vollendeten Umbaus der Zisterzienserklosterkirche von Schulpforta oder des Untergeschosses des Achteckbaus des Meißner Domes (1270/80). Die abstrakten, der Gotik gemäßeren Mittel, wie der Reichtum der Profile, der Rippenbildungen und vor allem des Maßwerks, lassen die besondere Stärke der Halberstädter Bauhütte erkennen.

III. Nach längerer Unterbrechung wird der begonnene Neubau von etwa 1340 bis 1401 im Osten des ottonischen Domes weitergeführt. Das 14. Jahrhundert ist erfüllt von Fehden und Unruhen, die die wirtschaftlichen Verhältnisse des Hochstiftes außerordentlich zerrütten. Während das Raubritterunwesen den Bischöfen schwer zu schaffen machte, spitzten sich die Gegensätze zwischen ihnen und der Stadt, die nun dem Bund der Hanse angehörte, immer mehr zu. 1337 mußte Albrecht I. einem Volksaufstand durch die unwürdige Flucht über die Stadtmauer weichen. Der Kampf um die stiftische Vogtei, den die mächtig gewordene Bürgerschaft unversöhnlich gegen die stiftische Geistlichkeit führte, vertrieb diese zeitweilig aus den Mauern Halberstadts. Wenn trotzdem um 1340 die Neubaupläne unter großen materiellen Anstrengungen wieder aufgenommen wurden, dann erhält diese Absicht den unverkennbaren Ton des politischen Kampfes mit künstlerischen Mitteln. Hierdurch bekommt das Werden und Gestaltannehmen der Bischofskirche etwas Dramatisches. Nicht in zufriedener Geruhsamkeit, sondern unter Anspannung aller Kräfte wächst der Riesenleib der Kathedrale in den Himmel. Welches für uns ungewohnte Bild: im Westen die aufragenden Türme mit den drei steilen hochgotischen Jochen, im Osten der ebenso steile

Frankreich charakteristische Triforienzone zu verzichten. Von der Kathedrale übernommen – und das vor allem gibt Halberstadt unter den sächsischen Bischofskirchen jenen charakteristischen französischen Klang – sind die Verhältnisse der Schiffe zueinander, die Steilheit des Raumes, die Form der Bündelpfeiler und das Gerüst von Strebepfeilern und vor allem Strebebögen (letztere lassen sich auf das Münster zu Straßburg zurückführen). Das einfach, aber außerordentlich harmonisch gegliederte Strebesystem mit den Baldachinen für Statuen, mit den Wasserspeiern sowie den Maßwerkformen des Seitenschiffsjochs gehen auf die Königin der französischen Kathedralen, die von Reims zurück, wohl kaum auf den Mindener Dom, der etwa gleichzeitig gebaut wird. Die Bedeutung dieses zweiten Bauabschnittes liegt darin, daß er sich einerseits von der zisterziensischen Konzeption grundsätzlich unterscheidet und andererseits bestim-

langgestreckte Chor mit Umgang und der zuerst ge-
bauten Scheitelkapelle, dazwischen aber wie ein
Torso das gedrungene flachgedeckte (karolingische)
Langhaus der ottonischen Kirche!

Während bald nach 1354 die Kapelle des heiligen
Ludger abgerissen wurde, mit deren Steinen man die
Grundmauern des Chores errichtete, fand bereits um
1350 die Weihe der Marienkapelle statt. Diese bildet
den Hauptteil des steilen Umganges, der sich bald in
Fortsetzung der Seitenschiffe nach französischem
Vorbild um den Hohen Chor herumzieht. Im Vergleich zu dem raumgewaltigen Magdeburger Umgang
mit seinem tief ausbuchtenden Kranz von gleichgro-
ßen Kapellen bedeutet der Halberstädter Umgang
Reduktion und Steigerung zugleich. Während die Kapellen zu Altarnischen zusammengeschrumpft sind,
erhöht die räumliche Ausweitung der Scheitelkapelle
das Erlebnis dieser Architektur und bildet einen liturgischen Zenit für den Wandelgottesdienst. Am Außenbau hebt sich die polygonal gebrochene Kapelle
durch ihre Schlichtheit von dem Formenreichtum des
Gesamtbaues deutlich ab. Von besonderem Reiz ist
der Dachreiter der Kapelle, ein Zierstück gotischer
Steinmetzkunst. In der farbtrunkenen Dämmerung
des Inneren der Marienkapelle vernimmt der Verweilende den Wohllaut der Verhältnisse von Raum und
Raummantel. Harmonisch sind die Gewände der
Fenster – gleichzeitig das Rippengewölbe tragende
Mauerskelett – gegliedert. Im Vertikalsystem der
Dienste stehen unlöslich eingebunden Skulpturen,
eine steinerne Versammlung von Heiligen, die sich
mit ewigem Gebärdenspiel um den Altar der Muttergottes gruppieren. Die Themen der Glasfenster, die
sich als diaphane Wände zwischen das Steinskelett der
Gehäuse spannen, vervollkommnen die Welt der
Heiligen und der Wunder.

Die fertige Kapelle wurde in den Umgang des im
Westen emporwachsenden Hohen Chores eingefügt.
Dem Chor mußte die reichgruppierte Ostpartie der
erweiterten karolingisch-ottonischen Urkirche weichen. Vielleicht darf man in dem neuen Umgangsor-
ganismus die gotische Form für die fortgeschrittenen
Bedürfnisse der Liturgie gegenüber der frühmittelal-
terlichen Form sehen, die sich des Umganges mit Au-
ßenkrypten bediente.

Der Hohe Chor, der wie aus einem Guß erscheint,
hat eine ungewöhnliche Raumausdehnung. Das straff
·gegliederte Chorinnere verdeutlicht das Prinzip der

Wandaufteilung besonders eindringlich. Maßvoll
sind die Bauglieder gegeneinander abgesetzt. Vor den
Hauptdiensten der Bündelpfeiler stehen auf Blätter-
konsolen lebensgroße Steinskulpturen mit dem Fal-
tenreichtum des Weichen Stils. Krabben- und giebel-
verzierte Baldachine krönen ihre Häupter und bezie-
hen die Gestalten in die Energiebahnen der Architektur ein. Eine steinerne Chorschranke mit einer Maß-
werkbalustrade scheidet das zentrale Heiligtum vom
Umgang. Dieser setzt sich mit seinen reduzierten
Formen von den älteren und auch jüngeren Bauabschnitten ab. Die Dienstbündel sind einfachen Drei-
viertel-Wülsten gewichen. Die Rippen wachsen unter
Verzicht der sonst im Dom üblichen Kapitellzone unmittelbar aus den Wänden. Hier wie an der schmuck-
losen Außenarchitektur der Scheitelkapelle nimmt die
feudale Kathedralarchitektur für kurze Zeit Merkmale der fortschrittlichen Bauweise der dem Bürgertum zugewandten Bettelordenskunst an. 1401 war die
gotische Chorpartie – ein Raumorganismus eigener
Prägung – fertig und wurde von Bischof Rudolf von
Anhalt (1400 bis 1406) geweiht.

IV. Wohl ohne längere Unterbrechung begann zu
Anfang des 15. Jahrhunderts eine großartige Bautätigkeit, die noch vor Ausgang des Jahrhunderts den gotischen Neubau beendete. Zwei Ereignisse bestimmen
diesen Abschnitt. Im Jahre 1423 kam es nach schweren Kämpfen der Handwerker gegen das ratssässige
Patriziat zu der sogenannten Halberstädter Schlacht,
die mit der Ermordung von vier Ratsherren und einer
kurzfristigen «Volksregierung» endete. Die schweren
Auseinandersetzungen mit dem Bischof, der mit der
Beseitigung des neuen populären Stadtregiments 1425
bereits wieder stärkeren Einfluß gewann, schlossen
1486 ab mit der Unterwerfung der Bürgerschaft durch
den Erzbischof Ernst von Wettin, der gleichzeitig
Administrator des Hochstiftes von Halberstadt war.
Die Domweihe am 28. August 1491 wurde damit
zum Siegesfest der wiederhergestellten bischöflichen
Macht!

Von Anfang des 15. Jahrhunderts bis 1457 wird,
nachdem der Mittelteil der ottonischen Basilika beseitigt war, die Lücke zwischen den hochgotischen
Westjochen und der spätgotischen Chorpartie in einer Formensprache geschlossen, die den Rhythmus
der drei ersten Langhausjoche abwandelt. Von 1442
bis 1444 wachsen die Bündelpfeiler des östlichen

159 Der Dom mit Kreuzgang von Südosten

160 Die Westtürme
161 Das schindelgedeckte Dach

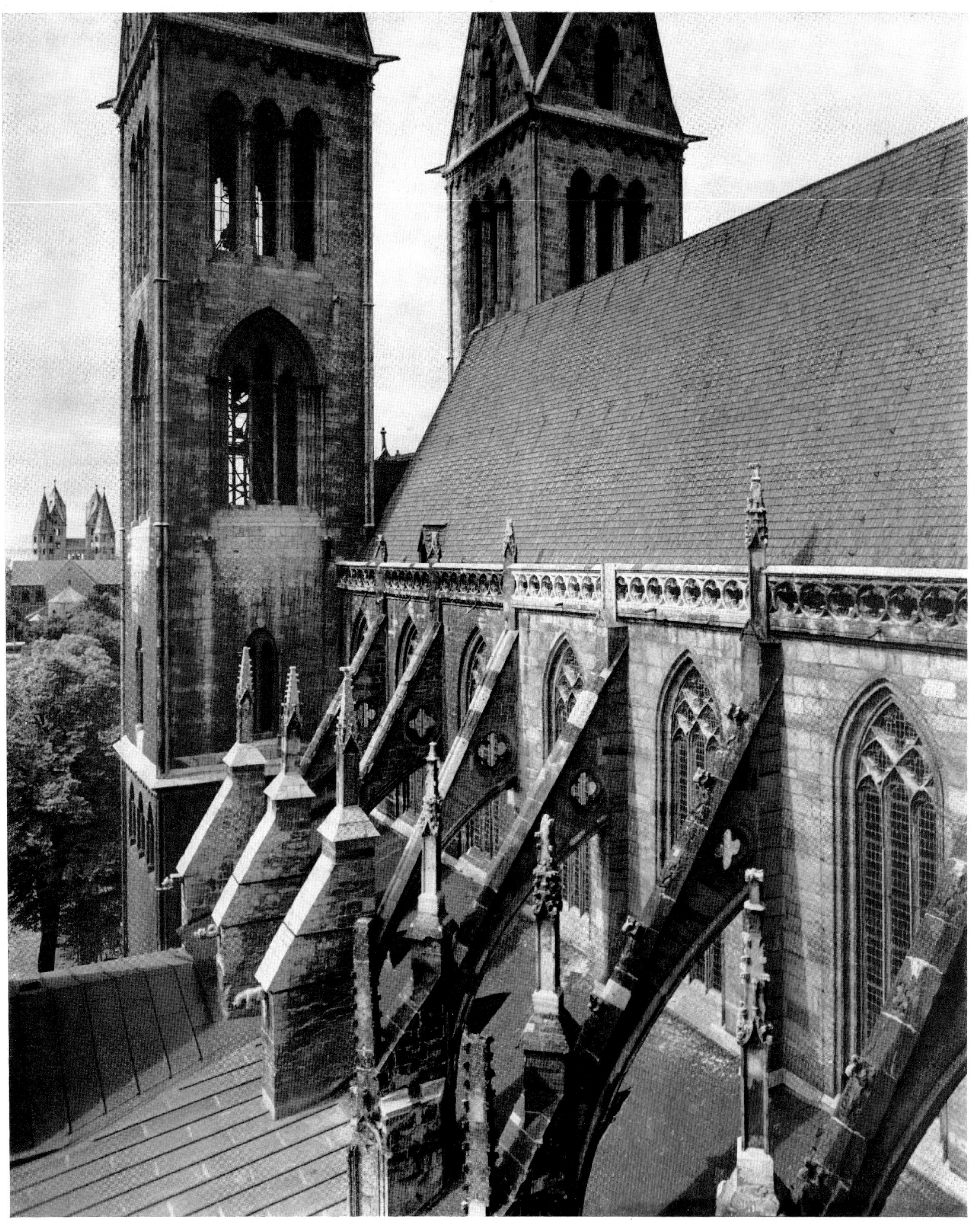

Folgende Seiten:
164 Strebebögen, Strebepfeiler, Fialen und Wasserspeier am Hohen Chor
165 Kreuzgang. Blick gegen Langhaus und südliches Querhaus

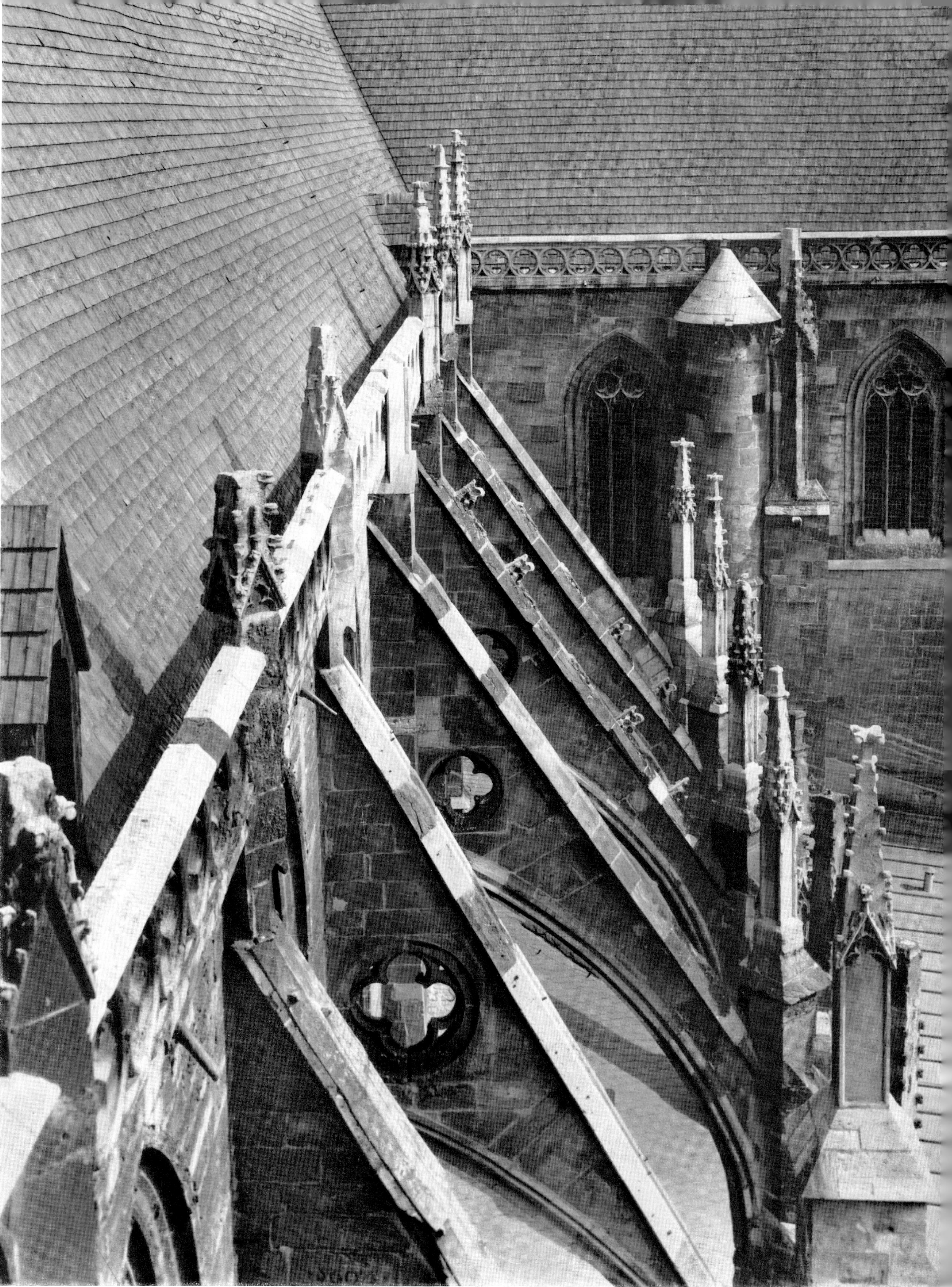

166/167 Das Strebesystem am Hohen Chor

168 Gewände des Westportals
169 Das zisterziensische Westportal mit spätromanischen Rosenfenstern

170 Das früh- und das spätgotische Strebesystem an der Nordseite des Langhauses

171 Portal am nördlichen Querhaus

172 Romanischer Taufstein. Rübeländer Marmor. 1195.
Blick auf die westlichen Arkaden der nördlichen Mittelschiffswand
173 Das Langhaus gegen Osten

174 Westwand des nördlichen Seitenschiffes
mit Standbild des heiligen Stephan
175 Nordseite des Chorumgangs. Blick in das nördliche Seitenschiff

Folgende Seiten:
176 Nördliches Seitenschiff. Blick in den Chorumgang
177 Scheitelkapelle St. Marien am Chorumgang
mit Figurenzyklus (Anbetung der Heiligen Drei Könige).
Glasmalereien aus dem 14. Jahrhundert

178 Der Hohe Chor gegen Westen

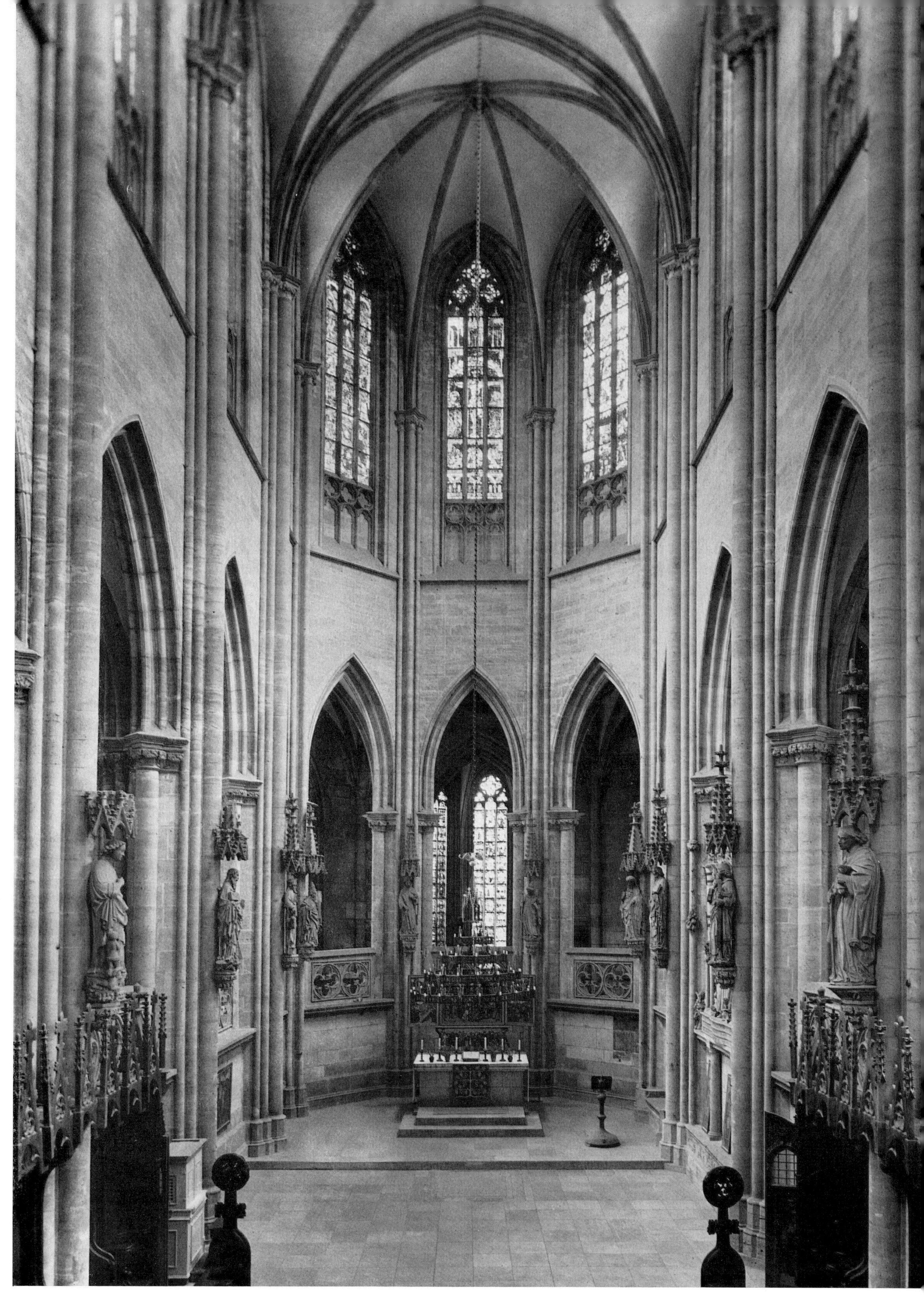

179 Der Hohe Chor mit Apostel- und Heiligenzyklus gegen Osten

180/181 Der spätgotische Lettner

182 Querhaus. Sternförmige Gewölbefigurationen der späten Gotik
183 Das Riesenfenster im Südquerhaus

184 Empore im Nordquerhaus (Wendeltreppe aus dem 19. Jahrhundert)
185 Chor. Blick durch den Radleuchter in die Fenster- und Gewölbezone

186 Der spätgotische Lettner mit spätromanischer Triumphkreuzgruppe (um 1220/30) aus dem älteren Dom
187 Mittlerer Teil der Triumphkreuzgruppe. Christus, links und rechts Maria und Johannes der Evangelist

188 Cherub aus der Triumphkreuzgruppe
189 Christus aus der Triumphkreuzgruppe

190/191 Johannes und Maria aus der Triumphkreuzgruppe

192 Cherub aus der Triumphkreuzgruppe
193 Adam unter dem Kreuz

194/195 Engel und Maria
einer Verkündigungsgruppe.
Sandstein. Um 1360

196 Verkündigungsengel
197 Maria

198/199 Heilige Magdalena mit Salbgefäß. Um 1360

200/201 Die Heiligen Petrus (um 1435)
und Jakobus major (um 1450)
aus dem Figurenzyklus im Hohen Chor.
Sandstein

Folgende Seiten:
202 Pfeilerfiguren im Hohen Chor.
Südseite
203 Der heilige Andreas.
Datiert am unteren Kreuzesende 1427

·1·5·1·0

204 Heiliger Sebastian
am nordwestlichen Vierungspfeiler.
Sandstein. 1510.
Rechts der heilige Georg. 1487
205 Heiliger Mauritius. Pfeilerfigur
an der Nordseite des Langhauses. Sandstein.
1513 gestiftet von Sebastian von Ploto

Folgende Seite:
206 Der östliche und der nördliche Flügel
des frühgotischen Kreuzganges

207 Der romanische Kapitelsaal (?) am östlichen Kreuzgangflügel
208 Inneres der Neustädter Kapelle mit spätgotischem Schnitzaltar

209 Blick in den Kreuzgang

210 Isaaks Opfergang aus dem Michael-Abrahams-Teppich

211 Michael-Abrahams-Teppich. Niedersächsisch. Gewirkt. Länge 10,04 m. Um 1160
212 Christus-Apostel-Teppich. Niedersächsisch. Gewirkt. Länge 8,93 m. Um 1180

216 Erzengel Michael, der Drachentöter, aus dem Michael-Abrahams-Teppich
217 Mittlerer Teil des Christus-Apostel-Teppichs. Christus in der Mandorla
218 Thomas und Johannes aus dem Christus-Apostel-Teppich

MICHAEL
GABRIEL

THOMAS
IOHANNES

219 Karlsteppich. Niedersächsisch. Gewirkt. Um 1230/40

220 Liturgischer Diskos (Abendmahlsschale) aus Byzanz. Silber, vergoldet. Mitte bis 3. Viertel 11. Jahrhundert

221 Kasel von blauer Seide mit Goldstickerei. Niedersächsisch. Um 1300. Ausschnitt
222 Perlengestickte Mitra. Niedersächsisch. 1. Drittel 14. Jahrhundert

223 Romanischer Stollenschrank.
Heilige Katharina von der Innenseite
eines Türflügels
224 Romanischer Stollenschrank
mit Verkündigungsgruppe. Innen und außen bemalt.
Niedersächsisch. Um 1230

225 Missale für den Dompropst Johann Semeca († 1245). Ganzseitige Miniatur.
Handwaschung des Pilatus, Geißelung Christi und Kreuztragung

226 Lektionar mit Initiale des heiligen Petrus. Anfang 13. Jahrhundert

227 Die Madonna mit der Korallenkette. Niedersächsisch. Um 1410/20
228 Heimsuchung aus dem Marienteppich. Niedersächsisch. Gewirkt. Um 1510

229 Armreliquiar mit Finger des heiligen
Nikolaus. Holzkern mit vergoldetem Silberblech
verkleidet. Um 1225
230 Scheitelkapelle St. Marien
mit Glasmalereien aus dem 14. Jahrhundert

231 Ausschnitt aus dem
Karlsfenster im südlichen Chorumgang.
Schutzmantelmadonna

232 Die Heiligen
Katharina und Dorothea
aus dem Karlsfenster

233 Glasfenster
im südöstlichen Chorumgang.
Vermutlich vom Bischof
Johannes Hoym († 1437) gestiftet
234 Glasfenster
aus dem Chorumgang

235 Glasfenster
aus dem Chorumgang

Langhauses empor. Wie die Konsolen unter den Fenstern zeigen, überdeckte zunächst eine provisorische Balkendecke das Innere. Während des Weiterbaues erhalten die Fenster des Langhauses ein im Chor bereits vorgebildetes Blendenmotiv, das den Charakter einer untergeordneten oder verkümmerten Triforienzone trägt. Wie die älteren Teile wird nun auch der letzte Bauabschnitt des Mittelschiffs mit einfachen Kreuzrippen gewölbt. Während vorher das nördliche Seitenschiff von parallel verlaufenden Netzrippen abgeschlossen wird, wechseln im südlichen Seitenschiff Netz- und Sterngewölbe.

Großartig und eigenwillig zugleich ist das mächtige Querhaus, das sich als eine selbständige Raumzone zwischen Laienkirche und Presbyterium schiebt. Es gleicht den Achsenknick aus, der offenbar mit der komplizierten Bauabfolge zu erklären ist. Die Wölbung des Querschiffes erfolgte etwa zwischen 1460 und 1466 mit phantasievollen Rippenfigurationen, die die quadratischen Joche wie Baldachine erscheinen lassen. Der Meister hat die höchst dekorativen Gebilde aus den vier Eckauflagen heraus entwickelt, indem er das Sternmotiv zugrunde legte. Während ungleich hohe Emporen das Querhaus an den Stirnseiten abstufen – im Süden reicht es sogar bis über den Kreuzgang –, ragt etwa seit 1510 ein spätgotischer Lettner in den Vierungsraum. – Die Nordwand wurde offenbar nach dem Vorbild der Südquerschiffswand des Regensburger Domes durch die von dort herangezogene Bauhütte in reicher Gliederung ausgeführt. Die riesige Schaufassade besteht aus einem in der unteren Zone figurenreichen Gewändeportal (um 1440) und aus Gestängeverblendungen. Den Abschluß bildet ein kurzes Spitzbogenfenster mit reichen Maßwerkbildungen. Diese und die gedrungenen Tympanonfiguren sowie die sich dynamisch drehenden Kriechblumen und die Kielbogen sind charakteristisch für den Weichen Stil, den wir bereits bei den Pfeilerfiguren im Chor wahrnehmen.

Nicht weniger großartig hat die Bauhütte die südliche Stirnwand des Querhauses gegliedert. Während ein noch der Hochgotik zugehörendes Dreistrahlmotiv den Giebel schmückt, öffnet ein Monumentalfenster die sonst ungegliederte Wand. Auch am Fenster wiederholt sich die reiche Maßwerkform mit den weichhängenden Blattmotiven unter dem paßgeschmückten Kreis. Der jedem Spitzbogenfenster innewohnende vertikale Zug wird – und das ist das Neue der deutschen Spätgotik – aufgehalten durch den etwa in der Mitte eingespannten Segmentbogen.

In eindringlicher Weise veranschaulicht besonders der Halberstädter Dom wichtige Entwicklungsphasen des Maßwerkes, des feinsten Gradmessers stilistischer Veränderung gotischen Bauens.[51] Als frühgotische Vorformen können Arkadenausbildungen des zisterziensischen Übergangsstils an Westfront, Remter und Kreuzgang gelten, vor allem an den seltenen Zwillingsfenstern des Obergeschosses. Die Urform des Maßwerkes – allerdings bereits bereichert – ist noch erhalten an dem nördlichen Seitenschiff der drei Westjoche des Langhauses. Bereits als nachklassische Stufe (1270 bis 1300) der Maßwerkornamentik bezeichnet, wurde hier der strenge Aufbau des «Reimser Urbildes» aufgelockert und nach Amienser Vorbild das charakteristische Kreismotiv verdreifacht. Varianten des Auflösungsprozesses der älteren Form treten reicher und sich abwechselnd in den übrigen Seitenschiffsfenstern auf, weniger unruhig und durch alle Bauepochen hindurch statt der Kreise das einfache Motiv der gestaffelten Vierpässe. Die charakteristische Maßwerkform der deutschen (doktrinären) Hochgotik (erste Hälfte 14. Jahrhundert) findet, wie oben erwähnt, als Dreistrahl unterteilter Spitzbögen am Südquerhausgiebel Verwendung, vor 1350 in Form von Maßwerkrosen an der Paradiesvorhalle zu Magdeburg. Vielfältig verschlungene Formen schmücken die Chorumgangsfenster, wobei sich auch die Binnengliederung – meist durch «Nasen» – bereichert (um 1400), offensichtlich Maßwerkspezialitäten aus der Bauhütte Peter Parlers. Dem Weichen Stil gehören die Prachtfenster des Querhauses an. Das Motiv «Kreis mit zwei hängenden Blütenblättern» kommt als eine Hauptform Peter Parlers um 1360 am Prager Dom vor, ebenso an der dortigen Teynkirche und später an dem zweitürmigen Fassadenriß in Regensburg. Hans Rosemann nimmt an, daß beide deutsche Dome von dem Prager Zentrum beeinflußt wurden.[52] Auch die Dekoration der Strebepfeiler in Halberstadt wird für parlerisch gehalten, die des Choräußeren vor allem versucht man vom Sebalduschor in Nürnberg abzuleiten.[53] Die Wirbelrosette oder das Fischblasenrad – die typischste Form für den Weichen Stil – findet sich noch im Mittelfenster der erst 1516 geweihten Neustädter Kapelle des Kreuzganges. – Ein prächtiges Beispiel für die Auflösungserscheinungen des Maßwerkes in der späten Gotik ist das breite Westfenster des Kapitelsaales. Hier hat der Meister mit Zirkelschlägen – der Werkmethode für die charakteristischste der Schmuckformen der Gotik – lediglich ein kühnes Spiel getrieben.

Nachdem zur Weihe 1491 die Kathedrale nach etwa zweihundertfünfzig Jahren Bauzeit im wesentlichen vollendet war, erfolgte um 1510 der Einbau der spätgotischen Lettnervorhalle. Das zierliche Gehäuse hat in seiner Gesamtanordnung wie in den gespinsthaften Details mit Astwerkformen und dämonischen Kreaturen etwas Phantastisches an sich. Dieser Zug ins Märchenhafte, wie er ähnlich an der Tulpenkanzel im Freiberger Dom auftritt, darf als ein romantischer Zug in der deutschen Kunst um 1500 gelten. Die Reihe der deutschen Lettner, die im Dom zu Naumburg großartig beginnt, beendet am Ausgang der Gotik würdig der Halberstädter, der den Magdeburger Lettner (1445 bis 1451) an Kleinteiligkeit noch überbietet. Das gleiche ist von der kühnen Einwölbung des Kapitelsaales zu sagen, der 1514 über Teilen des Kreuzganges und des Remters unter geschickter Einbeziehung der Strebepfeiler errichtet wurde. Das

spätgotische, sich dekorativ durchdringende Rippengewölbe beschließt ebenso eigenwillig die Hauptentwicklung der Rippenformen, die mit der einfachen Form (Kreuzrippengewölbe) begann wie das gleichzeitige wesensverwandte Maßwerkfenster.

Der stimmungsvolle und außerordentlich einheitlich wirkende Kreuzgang entstand unter zisterziensischer Einwirkung im ersten Bauabschnitt. Bemerkenswert sind die verschiedene Breite der Gänge und der Verzicht auf Strebepfeiler an der Süd- und an der Westseite. Von den Zisterziensern schmuckreich ausgebildete oder profilierte Gewölbeauflagen – an den Ecken oder unter der Schatzkammer – machen wahrscheinlich, daß der heutigen, wenig qualitätvollen Wölbung eine offenbar rippengegliederte vorangehen sollte oder voranging. Veränderungen erfuhren Teile des Kreuzganges 1463, als das südliche Querhaus hereingerückt, und um 1500, als die edel geformte Neustädter Kapelle errichtet wurde. Mit dieser findet die Baugeschichte der gotischen Bischofskirche und der dazu gehörenden Klausurbauten im wesentlichen ihren Abschluß.[54]

BILDWERKE UND AUSSTATTUNG

Noch heute ist der Dom reich mit Bildwerken ausgestattet. Im Gegensatz zur Kathedralgotik Frankreichs befinden sie sich vor allem im Innenraum. Nur an den Strebepfeilern der drei westlichen Seitenschiffsjoche hat sich mit dem Gesamtaufbau die französische Gewohnheit durchgesetzt, den Außenbau durch figürlichen Schmuck zu beleben. Die in die drei Tabernakel der Strebepfeiler eingebundenen Skulpturen sind Arbeiten aus der Zeit um 1270. Gleichzeitig entstanden, aber statuarischer empfunden ist die Muttergottesfigur in der Südnische der Marienkapelle, die von einem Langschiffpfeiler des ältesten Bauabschnittes stammt. Daß die vielen Figurennischen an den übrigen Strebepfeilern der Kathedrale jemals mit Bildwerken besetzt waren, ist nicht anzunehmen. Wie bei den großen Figurenportalen wird auch hier der ursprüngliche Plan nicht verwirklicht worden sein.

Einen Höhepunkt sächsischer Monumentalplastik bildet die spätromanische Triumphkreuzgruppe (um 1220/30), die noch aus dem karolingisch-ottonischen Vorgängerbau stammt. Hoch im Kirchenschiff erhebt sich auf einem Querbalken die mächtige, aus Eichen-

holz geschnitzte Gruppe. Christus hängt hoheitsvoll am Kreuz, ohne realistische Einzelheiten der Wundmale, ohne Dornenkrone und mit schmerzlichem Blick. Körper und Antlitz haben leblose Starre und Maskenhaftigkeit – Merkmale der hochromanischen Plastik – überwunden. Leiderfüllt flankieren Maria und Johannes den Gekreuzigten. Ihre Köpfe sind übergroß, ebenso Augen und Nase; offenbar auf die Ansicht von unten berechnet, sind sie Ausdrucksträger menschlichen Ernstes. Unbewegt ist beider Antlitz. Um so stärker wirkt der Schmerz, den die Trauernden durch kanonisch festgelegten Gestus ausdrücken. Während ihr Gemütsausdruck von der Dynamik der Gewandfalten gesteigert wird, erscheinen die Cherubim mit ihren in die Fläche geklappten Flügeln völlig starr. Es ist, als ob von dem Gekreuzigten, dem Zentrum der Gruppe, das Leben nach beiden Seiten abklänge und schließlich von den steinernen Wänden des Chores aufgefangen würde. Belebt sind die Dreipaßfelder an den unteren Kreuzesenden, während oben hoheitsvoll ein Engel das Spruchband hält. Ergreifend lastet die Schwere des Kreuzesstammes auf

Adam. Streng reihen sich die fast bäuerlichen Heiligen unter den Baldachinhimmeln des Querbalkens, den die ausgehende Gotik mit den Spitzen des zierlichen Lettners in den Raum einbezieht. Mit den Chorschranken von Liebfrauen, wo das Herausbrechen seelischen Ausdrucks zum ersten Male in der deutschen Monumentalplastik erreicht wird, steht die Halberstädter Bildkunst in der vordersten Reihe großer Leistungen. Das Triumphkreuz, dessen Naturnähe in der Gestaltung wohl durch den Einfluß der im Domschatz befindlichen Abendmahlsschale aus Byzanz hervorgerufen wurde, steht am Anfang einer Reihe berühmter Triumphkreuzgruppen, deren klassischen Höhepunkt die Wechselburger und deren ergreifenden Abschluß die realistisch-frühgotische Gruppe im Dom zu Naumburg darstellen.[55]

Die Steinstatuen einer Verkündigungsgruppe mit einer Magdalena verbindet ein differenziertes Spiel der Mienen und Gesten, die von den schwingenden Bewegungen des ganzen Körpers getragen und dem Bausch der Falten aufgenommen werden. Während die Magdalena, mit Salbgefäß und Weihrauchkessel versehen, in sich gekehrt außerhalb der Szene lebt, steht der Heiterkeit des Engels die fast aristokratisch anmutende Duldsamkeit der die Botschaft empfangenden Maria gegenüber. Die Schönheit der weichen Falten und auch der gotische Schwung stellen die um 1360 entstandenen Skulpturen in die Nähe der Erfurter Kunst. Etwa gleichzeitig, um 1362, sind die bewegten Figuren in der Marienkapelle gearbeitet, nur kleiner und noch fest in die Architektur eingebunden.

Umfangreich ist die Zahl der Bildwerke im Dom, die dem Weichen Stil angehören, der im ausgehenden 14. Jahrhundert einsetzte. Die untersetzten Gestalten dieser Epoche ertrinken fast in den Massen weicher, teigiger, sich an den Füßen stauender Falten. Dazu zählen die Pfeilerfiguren des Hohen Chores, darunter der Apostelfürst Petrus als Papst und St. Andreas, die in der Zeit von 1427 bis 1435 geschaffen wurden. Ebenfalls dem Weichen Stil gehört das Nordportal an, das 1440 entstand. Während hier große Teile des figürlichen Schmuckes zerschlagen oder ergänzt sind[56], lassen sich unverkennbar Merkmale des Weichen Stils bei den beiden Aposteln links im Tympanon feststellen. Die bärtigen, untersetzten Gestalten, deren Leiber völlig in den teigigen Faltenmassen untergehen, gehören zu der Darstellung des Marientodes. – Werke der späten Gotik sind die Pfeilerfiguren

des Langhauses, die hauptsächlich um die Wende vom 15. zum 16. Jahrhundert entstanden. Sie sind nicht so einheitlich wie die Figurenzyklen der vorangegangenen Zeit und weisen außerdem erhebliche Schwankungen in der Qualität auf. So steht der asketisch anmutende Hieronymus mit Kardinalshut und mit Löwen dem sinnlich-weichen Sebastian von 1510 gegenüber. Er befindet sich in seiner Nacktheit im Kontrast zu den geharnischten Heiligen, deren Rüstungen dem Künstler wenig Spielraum zu einer differenzierten Gestaltung boten. Während dem Ritter Georg von 1487 eine gewisse Anmut eigen ist, zeichnet sich der Schutzpatron des Magdeburger Erzstiftes, der Märtyrer Mauritius, als gerüsteter Krieger durch die plastische Festigkeit der herannahenden Renaissance aus. Von dem abgezehrten und streng stilisierten Hieronymus unterscheidet sich das Antlitz des mitratragenden Erasmus, dessen alternde Gesichtszüge die Merkmale irdischer Vergänglichkeit sichtbar machen. Das Werk, das einer gewissen Größe nicht entbehrt, dürfte in die Nachfolge Tilman Riemenschneiders gehören. Als Pfeilerstatue diente ursprünglich auch das qualitätvolle Bildwerk des heiligen Stephanus im nördlichen Seitenschiff. Da er Patron des Domes ist, kommt er in den dort erhaltenen Werken der bildenden Kunst mehrmals vor, ebenso Karl der Große, dem als Gründer des Bistums eine besondere Bedeutung zukam. So steht vor dem Emporenpfeiler des südlichen Querhauses eine Statue des Kaisers aus der zweiten Hälfte des 15. Jahrhunderts mit der Gestalt des vor ihm knienden Stifters Siegfried von Hoym. Von den zahlreichen Altären der Kathedrale – sogar Karl dem Großen war einer geweiht – blieb ein spätgotischer Schnitzaltar in der Neustädter Kapelle erhalten. Über dem Schrein mit charaktervollen Skulpturen einer Krönung Mariä erhebt sich luftig das zerbrechliche Gesprenge, in dessen reizvolle Verschlingungen die heiligen Gestalten eingewoben sind. Auf die Altäre im Domschatz und auf zahlreiche Bildwerke, die im Inneren und auch am Äußeren erst dem Suchenden sichtbar werden, sei lediglich verwiesen.[57]

Auch die Ausstattung des Dominneren ist sehr reich. Besonders die verschiedenen liturgischen Geräte, die mannigfalt das hohe Können und die Phantasie der mittelalterlichen Handwerkskunst widerspiegeln, bereichern unsere Vorstellungen über den komplizierten Kultorganismus, den ein gotischer Dom darstellt. Auf die Zusammenfassung aller Funktionen in einem riesigen Bau, die in der Frühzeit von einer Gruppe, nach Edgar Lehmann von einer «Kirchenfamilie» wahrgenommen wurden, war bereits verwiesen worden. So wird das Sakrament der Taufe zum Beispiel im Westteil des Langhauses sicher nicht zufällig an der Stelle vollzogen, wo ursprünglich die karolingische Taufkapelle stand. Der mächtige Taufstein aus Rübeländer Marmor, dessen kelchförmiges Becken vier Löwen tragen, ist eine Stiftung des Bischofs Gardolf aus dem 12. Jahrhundert (1195). Eine zweite Taufe aus Bronze, deren Medaillonreliefs auf die Entstehung um 1250 hinweisen, ziert die Winterkapelle. – Allein drei seltene Radleuchter haben sich in Halberstadt erhalten. Das «himmlische Jerusalem» wird versinnbildlicht durch den riesigen Leuchter im Langhaus, dessen Reifen mit zwölf Türmen die mauerumwehrte und wundersam erleuchtete heilige Stadt darstellen. Etwa gleich alt dürfte der durchbrochene Radleuchter in der Kreuzgangkapelle sein, der wohl ebenfalls von dem 1516 verstorbenen Kanoniker Balthasar von Neuenstadt gestiftet wurde. Bereits ins beginnende 15. Jahrhundert gehört die durchbrochene Leuchtkrone im Hohen Chor, die aus sich konzentrisch verengenden Radkränzen aufgebaut ist und von einem zierlichen Baldachin bekrönt wird. – Aus der Entstehungszeit des Chores stammt – wie die Verwandtschaft des Blattschmuckes mit dem der Kapitelle erkennen läßt – das prächtige geschnitzte Chorgestühl. Ursprünglich waren seine Rückwände mit den kostbaren romanischen Bildteppichen geschmückt, die jetzt mit dem Domschatz vereinigt sind. Der dekorativ wirkende Marienteppich verhüllte die Wand hinter dem Hochaltar.

Die Bedeutung der für Deutschland einmaligen Ausstattung des Domes zu Halberstadt erhöhen die sehr kostbaren und gut erhaltenen Glasmalereien. In der Scheitelkapelle verschmilzt heute noch ihre «dunkel strahlende Glut» den Raum zur harmonischen und weihevollen Einheit. Im mittleren Fenster, dem ältesten im Dom, werden, flankiert von Heiligenfiguren in einer Wellenranke, elf Szenen aus dem Leben Jesu dargestellt, links und rechts davon Engel- und Heiligendarstellungen. Auch der Umgang des Chores wird von den leuchtenden Glaswänden bestimmt, die in verschiedenen Farbakkorden abgestimmt sind. Naturgemäß haben die leicht zerbrechlichen Fenster verschiedene Ergänzungen und auch Umstellungen einzelner Scheibenteile erfahren. Bei dem Passionsfenster dominieren tiefes Rubinrot, blaue und helle Scheiben im rhythmischen Wechsel bei anderen Bildwänden. Ihr Aufbau ist teppichhaft dekorativ, bei den jüngeren realistischer, fast räumlich. Besonders gut überkommen ist das Fenster südlich neben der Scheitelkapelle. Lebendig und bildreich hat hier der Künstler das Leben des Evangelisten Johannes dargestellt, wobei er rhythmisch das leuchtende Grün überwiegen läßt. Den Stifter, wahrscheinlich den Bischof Johann von Hoym (1420 bis 1437), sehen wir im zweiten Bild von unten rechts als kleine Gestalt vor dem Evangelisten knien.[58]

DER DOMSCHATZ

Im Domschatz zu Halberstadt hat sich eine große Fülle liturgischer Gerätschaften, priesterlicher Gewänder, kostbarer Reliquienbehälter und verschiedener Ausstattungsgegenstände wie Altäre, Textilien und Bildwerke sowie früh- und hochmittelalterlicher Buchmalereien erhalten.[59] Diese Sammlung künstlerisch gestalteter Gegenstände des christlichen Kultes und feudaler Repräsentation war durch Stiftungen, Kauf oder als Beute in Kriegszügen zu einem Heiltum und Kirchenschatz zusammengetragen worden. Diese geistlichen Kunstsammlungen – Vorläufer der fürstlichen «Kunst- und Wunderkammern» in der Geschichte der Museen – sind vorwiegend aus kultischen Gesichtspunkten und aus dem Interesse für das Seltene und Kostbare und oft erst in zweiter Linie aus künstlerischen Erwägungen zustande gekommen. Auch vom Halberstädter Domschatz wird in unruhigen Zeiten – vor allem durch die Brände 1060 und 1179 – manches Stück verlorengegangen sein, ebenso durch Veräußerung, die für den Dombau oder zur Schuldenbegleichung finanzielle Mittel brachte. Der Domschatz, seit dem Jahre 1959 wieder der Öffentlichkeit zugänglich, gehört zu den großartigsten Sammlungen dieser Art und wird an Umfang nur noch vom Kölner Domschatz übertroffen. Mittelalterliche Textilien von so großer Kostbarkeit sind lediglich noch in den liturgischen Sammlungen des Vatikans in Rom zu finden.

Von der Pracht des Meßgottesdienstes in der mittelalterlich-katholischen Kirche kündet der große Reichtum der Priesterornate – Mitren, Dalmatiken, Casulae –, von denen sich insgesamt 90, viele von kostbarster Ausführung, erhalten haben. Die wertvollen und seltenen Stoffe zeugen von den weltweiten Beziehungen des Bistums: Seidenstoffe kamen aus Byzanz, aus dem Orient und sogar aus dem fernen China. An den in verschiedenen Jahrhunderten des Mittelalters entstandenen Gewändern läßt sich deren Entwicklung innerhalb der Liturgie fast lückenlos verfolgen. – Die köstliche Kasel von blauer Seide mit dem Astkreuz aus Goldbrokat mit aufgenähten stilisierten Adlern und Rosetten gehört noch zu den schlichten, vornehmen Gewändern der frühen Gotik (um 1300). Ein Prachtmantel aus violettem Samtbrokat mit dem Wappen der Wettiner dokumentiert das Selbstbewußtsein des erstarkten Territorialfürstentums. Den Ornat soll Erzbischof Ernst von Wettin 1491 anläßlich der Domeinweihung getragen haben. Das verwendete Material, die Herkunft und technisch-künstlerische Verarbeitung der Chorgewänder lassen nicht nur den Fachmann die hohe kulturgeschichtliche Bedeutung speziell dieses Teils der Sammlung erkennen.

Unter den prächtigen Bischofsmützen stammt die niedrig gehaltene aus Seide, mit Goldborten und Filigran verzierte, noch aus dem Anfang des 13. Jahrhunderts. Von großer Schönheit ist eine korallenbestickte Mitra aus weißem Seidenrips. Überreich sind Stirnbinde und Titulus mit Perlen, Korallen und farbigen Edelsteinen bestickt, wobei in den Hauptpartien vergoldete Silberplättchen untergelegt sind. Während den Titulus Edelsteinrosetten begleiten, schmücken Pelikan, Phönix, Adler und Löwe – christologisch zu deutende Tiersymbole des Mittelalters – die Stirnbinde.

Von unschätzbarer Bedeutung sind die drei monumentalen Wandbehänge, die ursprünglich zusammen mit dem gotischen Marienteppich den Hohen Chor schmückten. Sie sind alle niedersächsischer Herkunft. Riesige textile Bildfriese von 10,04 und 8,93 Meter Länge und über 1 Meter Höhe sind der Michael-Abrahams-Teppich und der Christus-Apostel-Teppich, beides wollene Hautelissewebereien und fast unversehrt erhalten. Vor einem unräumlichen blauen Grunde befinden sich die Gestalten in roten, dunkelblauen und häufig weißen Gewändern. Feier-

lich sind die Sprache der Gebärden, würdevoll die Haltung und streng stilisiert die Gewänder und Köpfe mit den aufgerissenen übergroßen Augen. Ornamental behandelt sind Haare und Bärte, signaturhaft angedeutet Pflanzen und Architekturen. Episch, erzählfreudig, von volkstümlicher Frische und abwechslungsreich ist der Michael-Abrahams-Teppich, der eine archaischere Stilstufe vertritt. Er entstand um 1160. Von links nach rechts entwickeln sich, durch Spruchbänder oder Bäume getrennt, Kapitel aus der Geschichte Abrahams: Vor der Hütte sitzend, empfängt der Erzvater die drei Erzengel; diese speisen bei Abraham; Isaak wird zur Opferung geführt; der Engel verhindert das Opfer. Außerhalb der Bildabfolge steht der Erzengel Michael (ohne Flügel) als Drachentöter.

Monumentaler, weniger erzählend und frisch wirkt der Christus-Apostel-Teppich (um 1180), der ebenfalls wie der Michael-Abrahams-Teppich nach sächsischen Buchmalereien entstanden sein mag. Er ist von visionärer Erhabenheit und erinnert an die um 1150 entstandenen Emporenreliefs von Gröningen, wo der Weltenrichter frontal und hoheitsvoll wie ein sächsischer Herzog zwischen seinen Schöffen thront.

Als Torso ist der Karlsteppich überkommen, der in seiner stärkeren Verlebendigung bereits der Zeit um 1230 angehört. Frontal, aber gelöst thront übergroß «Carolus Rex» inmitten einer roten Raute zwischen griechischen Philosophen, die verschiedene Sitzstellungen einnehmen. Die Weisheiten auf den Spruchbändern werden durch die Sprache der Gebärden unterstrichen, Schriftleisten umrahmen und durchdringen die vertikale Anordnung des Bildteppichs, den ursprünglich eine breite Ornamentleiste umgab. Die lateinischen Worte weisen auf den Wert der Bereitschaft zur Wohltätigkeit hin, für die Karl der Große als Gründer des Bistums vorbildlich war und deshalb im Halberstädter Dom jederzeit hoch verehrt wurde. Bemerkenswert ist das Auftreten antiker Philosophen statt mittelalterlicher Heiliger. Ähnlich wie der einzigartige Knüpfteppich zu Quedlinburg (um 1200), der die Hochzeit des Merkur mit der Philologie darstellt, oder wie der Dornauszieher an der Grabplatte Friedrichs von Wettin im Magdeburger Dom ist auch der Karlsteppich ein Zeugnis für das Weiterleben der Antike im christlichen Mittelalter.

Großflächig und dekorativ schmückte der «Marienteppich» aus der Zeit um 1510 die Innenwand des

Chorhauptes. In ein köstliches Rankenwerk, das sich vom roten Grunde abhebt, haben die den Teppich ausführenden Frauen – vermutlich Nonnen – zwölf Szenen aus dem Leben Mariä hineingewoben, außerdem in kleinen Gruppen jagende Hunde, Hirsche, Vögel und reizende Häschen. Von rührender Schönheit sind die in weite Gewänder gehüllten, geschwungenen Gestalten Elisabeths und Mariä der Heimsuchung. Ebenfalls lyrisch und zart, aber stiller ist der Altaraufsatz eines Triptychons, der nach der mittleren Gestalt, der «Madonna mit der Korallenkette», benannt wird. Die Muttergottes thront inmitten Heiliger, zu ihren Füßen musizieren Engel. Die die Maria hinterfangende vereinfachte Architektur mit Kielbögen und Heiligenstatuen des Weichen Stils steht vor imaginärem Goldgrund. Die Zerbrechlichkeit der Gestalten, die lieblichen Gesichter und der Schmelz der Farben verweisen das Werk nicht in die Nähe der von der Mystik beeinflußten kölnischen Kunst, wie bisher angenommen wurde, sondern nach Johanna Flemming in das niedersächsische Nordharzgebiet.

Hervorragende Werke der Bildhauerei sind das Bucco-Kreuz – ein winziges Kruzifix, aus Zedernholz geschnitzt, offenbar ein Geschenk des Kölner Erzbischofs Anno (1056 bis 1075) an Bischof Burchard II. (Bucco genannt) – und der romanische Kruzifixus (Birnbaum, geschnitzt), dessen großartige Wirkung durch die erhaltene originale Fassung noch gesteigert wird. Zu den besonderen Kostbarkeiten des Domschatzes zählt auch die Halberstädter Sitzmadonna (Eiche, geschnitzt). Typologisch gehört sie in die Nähe der Paderborner Imad-Madonna, stilistisch zeigt sie jedoch enge Verwandtschaft zur Wechselburger Kreuzigungsgruppe und zum Tympanon der Freiberger Goldenen Pforte (um 1230).

Besonders reich – wie wohl in keinem anderen deutschen Kirchenschatz – sind Werke der byzantinischen Kunst in Halberstadt vertreten. Ältere Stücke stammen vermutlich aus dem Brautschatz der byzantinischen Prinzessin Theophano, der Gemahlin Ottos II. Bedeutend war die Schenkung des Halberstädter Bischofs Konrad von Krosigk nach seiner Rückkehr aus dem vierten Kreuzzug. In einer Schenkungsurkunde von 1208, mit der er der Domkirche liturgische Geräte, Textilien, Reliquien und andere Kostbarkeiten aus Byzanz übergab, nennt der Kirchenfürst diese «einen Schatz, der uns lieber ist als Gold und Topas».

Einer der kostbarsten Gegenstände, die Bischof Konrad aus Byzanz mitbrachte, ist die prächtige Abendmahlsschale aus der zweiten Hälfte des 11. Jahrhunderts. Aus Silber kunstvoll getrieben und vergoldet, hat sie eine Achtpaßform. Während sich aus dem Boden das Hochrelief der Kreuzigung Christi herauswölbt, zieren Wandung und Rand, umschlungen von dünngliedrigen Ranken, die Brustbilder und Bildnisse byzantinischer Kirchenväter und Heiliger. Der hohe Wert der Abendmahlsschale liegt nicht allein in der künstlerischen Gestaltung, sondern auch darin, daß die schlanken Figuren der Kreuzigung mit dem hoheitsvollen Christus und den lebendigen Gebärden wohl unverkennbar als Vorbild für die romanische Triumphkreuzgruppe gedient haben. In seltener Eindringlichkeit wird hier deutlich, wie die Kleinkunst zum einen über große Entfernungen hinweg Motive vermittelt und zum anderen bahnbrechende Ideen der Gestaltung der monumentalen Kunst vorweggenommen hat.

Das Armreliquiar des heiligen Nikolaus (um 1225) gehört – ebenso wie das Armreliquiar des heiligen Stephanus (Silber, vergoldet, mit Filigran und Edelsteinen) – zu den kostbaren Gehäusen, die besonders ausdrucksvoll durch ihre Form als menschlicher Körperteil Reste christlicher Heiliger bergen. Die weiche, geöffnete Hand ragt aus einem gravierten Ärmel, den Füße tragen und der reich von Filigranborten, mit Edelsteinen besetzt, umsäumt wird. Der ovale Bergkristall, der wie auch das Handgelenk kostbar geschmückt ist, macht die Knochenreliquie sichtbar.

Sehr selten sind Möbel aus romanischer Zeit. Unter den vier Schränken, die zum Domschatz gehören, besitzt der aus mächtigen Eichenbalken geschnitzte und reich bemalte Stollenschrank aus der Zeit um 1230 besonderen Wert. Auf Goldgrund gemalte Heilige besetzen feierlich und monumental die Seitenfüllungen und die Türflügel. Von strenger Schönheit sind die Gestalten der Heiligen Katharina und Kunigunde auf den Innenseiten. Die dreiviertel lebensgroßen Darstellungen gehören zu den frühesten Werken der deutschen Tafelmalerei.

Einblick in die geistliche und wissenschaftliche Tätigkeit des Stiftes gewähren die handgeschriebenen und in der Regel kunstvoll verzierten Bücher. Prächtig sind die Einbände, die oft aus Teilen verschiedener Herkunft zusammenmontiert sind. So schmückt das Evangeliar (Nr. 44) mit Initialen aus dem 11. Jahrhundert oben rechts ein Relief aus dem 10. Jahrhundert; die ganze Einbandtafel wurde 1263 von Goldschmiedearbeiten des Albrecht von Oldenburg eingefaßt. Für eine Handschrift des 12. und 13. Jahrhunderts dient ein Konsulardiptychon aus Elfenbein als Buchdeckel. Die kultur- und kostümgeschichtlich äußerst wertvollen Tafeln sind oströmische Schnitzarbeiten vom Anfang des 5. Jahrhunderts.

Mit prächtigen Schmuckseiten und reichen Initialen verziert ist das Missale für den Dompropst Johann Semeca (gest. 1245), eine Handschrift, die im zweiten Viertel des 13. Jahrhunderts in Niedersachsen, vielleicht sogar in Halberstadt selbst entstand. Die zweigeteilte Schmuckseite zeigt in preziöser Weise die Darstellungen in leuchtenden Farben auf dem imaginären Goldgrund. Die in Gebärden und Bewegungen reich abgestuften Gestalten sind von großer Schönheit. Übergroß und ernst sind die Augen. Die Gesichter, vor allem die der klagenden Frauen, lassen hinter dem byzantinischen Schema die Idealität antiker Schönheit erkennen. Verwandt ist die aufwendig gestaltete Seite des Lektionars mit der Initiale des heiligen Petrus. Phantastisch verschlungen beherrscht der Anfangsbuchstabe mit dem Bild des Heiligen die Schriftseite. Sicher und zügig hat der schreibende Kleriker die Buchstaben in ornamentaler Schönheit auf das Pergament gesetzt, die wichtigste Stelle farbig heraushebend. Selbst das System der vorgezeichneten Linien blieb erhalten. Mit dieser hochentwickelten Malerei im kleinen Format übergibt die Buchmalerei, die der Tafelmalerei vorausging, seit dem Anfang des 13. Jahrhunderts dieser die Führung.

ANMERKUNGEN

EINLEITUNG

1 Vgl. Hans-Joachim Mrusek: Zur Denkmalpflege in der Deutschen Demokratischen Republik, in: Wissenschaftliche Zeitschrift der Martin-Luther-Universität Halle-Wittenberg. Ge-
sellschafts- und Sprachwissenschaftliche Reihe 9. 1960, Heft
1, S. 59–75; vgl. hier Anm. 4, 35, 54, 59.

BISTÜMER UND DAMENSTIFTE IN DER DEUTSCHEN
REICHS- UND TERRITORIALGESCHICHTE

2 Zur Reichs- und Territorialgeschichte siehe Geschichte des
Mittelalters. Band 1. Redaktionelle Bearbeitung I. A. Kosminski und S. D. Skraskin, 1958; Eckard Müller-Mertens,
Erich Paterna und Max Steinmetz: Deutsche Geschichte. Von
den Anfängen bis 1945, 1965, S. 6–120; Geschichte der deutschen Länder. «Territorien-Ploetz». Band 1: Die Territorien
bis zum Ende des alten Reiches. Herausgegeben von Georg
Wilhelm Sante und A. G. Ploetz-Verlag, 1964; Leo Stern und
Hans-Joachim Bartmuß: Deutschland in der Feudalepoche
von der Wende des 5./6. Jahrhunderts bis zur Mitte des
11. Jahrhunderts, 1973[3]; M. Lintzel: Die Entstehung des
deutschen Reiches, 1942; Hans-Joachim Bartmuß: Die Geburt des ersten deutschen Staates, 1966; Albert Hauck: Kirchengeschichte Deutschlands. Band 3, 1958[9]; Walter Schlesinger: Kirchengeschichte Sachsens im Mittelalter, 1962;
Walter Schlesinger: Mitteldeutsche Beiträge zur Verfassungsgeschichte des Mittelalters, 1961; Beiträge zur Geschichte des
Erzbistums Magdeburg. Herausgegeben von Franz Schrader,
1969; Eduard Quiter: Untersuchungen zur Entstehungsgeschichte der Kirchenprovinz Magdeburg, 1969; Dietrich
Claude: Die Geschichte des Erzbistums Magdeburg, 1972. –
Quellenausgaben: Widukind von Corvey. Sächsische Geschichten. Neu übertragen und bearbeitet von P. Hirschfeld,
1931[5]; Thietmar von Merseburg. Chronik. Neu übertragen
und erläutert von Werner Trillmich, 1957; Helmold von Bo-
sau. Slawenchronik. Neu übertragen und erläutert von
H. Stoob, 1963.

3 Siehe hierzu L. Stern und H.-J. Bartmuß (1973) S. 119–130.

4 Hans Thümmler: Karolingische und ottonische Baukunst in
Sachsen, in: Das erste Jahrtausend. Kultur und Kunst im werdenden Abendland an Rhein und Ruhr 1964, S. 867–897.

5 Ernst Nickel: Die Südbefestigung der Domburg Halberstadt,
in: Jahresschrift für mitteldeutsche Vorgeschichte 38. 1954,
S. 244–256. Gerhard Leopold und Ernst Schubert: Der Hal-
berstädter Dom bis zum gotischen Neubau. Mit Beiträgen von
Friedrich Bellmann, Paul Grimm, Friederike Happach, Edgar
Lehmann, und Ulrich Sieblist sowie einem Geleitwort von
Hans Berger. Zur Zeit im Druck, erscheint 1983 im Akade-
mie-Verlag Berlin.

6 Zu Magdeburgs Stellung siehe Wolfgang Ullmann: Magdeburg, das Konstantinopel des Nordens, in: Jahrbuch für die
Geschichte Mittel- und Ostdeutschlands 21. 1972.

7 Vgl. H. Thümmler (1964); Edgar Lehmann: Der frühe deutsche Kirchenbau, 1938.

8 Vgl. Hartwig Beseler und Hans Roggenkamp: Die Michaelis-
kirche in Hildesheim, 1954.

9 Vgl. Hermann Wäscher: Feudalburgen in den Bezirken Halle
und Magdeburg, 1962.

10 Zur Harzburg siehe Maria Keibel-Meier: Die Harzburg,
1980, und die dort angegebene Literatur.

11 Vgl. Hans-Joachim Mrusek: Beiträge zur Geschichte der
städtebaulichen Entwicklung Magdeburgs im hohen Mittelalter. Phil. Diss. Halle 1953; Hans-Joachim Mrusek: Gestalt
und Entwicklung der feudalen Eigenbefestigung im Mittelalter, 1973; Johannes Bärmann: Die Städtegründungen Heinrichs des Löwen und die Stadtverfassung des 12. Jahrhunderts, 1961.

12 Einen kurzen Überblick gibt Hans-Joachim Mrusek: Romanische Bildwerke, 1962.

13 Für sachkundige Zuarbeit danke ich meinem Freund und
Kollegen Doz. Dr. sc. phil. Manfred Lemmer, Halle.

QUEDLINBURG

14 Zum «anschwellenden Bogen» siehe Hans-Joachim Mrusek:
Bautechnische Einzelheiten in der mittelalterlichen Profan-
baukunst, in: Wissenschaftliche Zeitschrift der Martin-
Luther-Universität Halle-Wittenberg. Gesellschafts- und
Sprachwissenschaftliche Reihe 6. 1956/57, Heft 4,
S. 654–661.

15 Die heutige (neuromanische) Apsis wurde 1938 in den goti-
schen Chor von 1320 eingebaut, um den ursprünglichen
Raumeindruck der hohen Romanik wieder herzustellen (vgl.
Anm. 16).

16 Über die weitere Baugeschichte der Stiftskirche und die Restaurierungsarbeiten seit dem 19. Jahrhundert vgl. Hermann
Wäscher: Der Burgberg in Quedlinburg, 1959, S. 48–51. Seit
1225 etwa hatte die Stiftsburg ihre Rolle als Burg ausgespielt.
Die weiteren Bauarbeiten im späten Mittelalter beschränkten
sich auf die Errichtung des gotischen Chores (1320) und auf
Ausbauten und Aufstockungen der Wohn- und Wirtschafts-
gebäude. Ein großer Teil der Anbauten, vor allem auf der Osthälfte des Burgberges, wurde in nachmittelalterlicher Zeit abgerissen, darunter erst im 19. Jahrhundert der Verbindungsbau zwischen Stiftskirche und Schloß. Mit diesem Abbruch
wurde «die uralte Trennung des mittleren von dem westlichen
Burghof aufgehoben, nachdem schon früher die Trennungs-
mauer zwischen dem mittleren und dem östlichen Hof abgetragen worden war». Somit war die «uralte Wachs-
tumsgrenze» der mittelalterlichen Burg gänzlich unkenntlich
geworden.
Die Restaurierungsarbeiten begannen 1862 unter dem preußischen Konservator von Quast. Als erstes wurden die barocken Einbauten und Ausstattungselemente beseitigt und die
Holztonne herausgenommen, die die Obergadenfenster ver-
deckt und so den Charakter der hochromanischen Basilika
völlig entstellt hatte. Von Quast hat uns einen umfangreichen
Archivbestand an Berichten, Briefen, Zeichnungen und Ko-

stenanschlägen hinterlassen. Hieraus geht hervor, «daß im Inneren die Mauern völlig überarbeitet und dann sogar geschliffen worden sind, wodurch jede Spur der (ursprünglichen) Steinbearbeitung verloren ging». Weiter erfahren wir, «daß alle Kämpfer der Säulen und Pfeiler völlig abgeschlagen waren». Nur an den Vierungspfeilern blieben sie erhalten. 1862 bestand die Absicht, den gotischen Chor abzubrechen bzw. einen neuromanischen einzubauen, was dann erst 1938 geschah. Aus den erhaltenen Zeichnungen der Jahre 1859 bis 1879 ersieht man die Idee des Aufbaues des Südturmes, der, wie aus alten Abbildungen und auch Berichten hervorgeht, niemals existiert hat. Er wurde 1879 hochgeführt und mußte bald danach mit umfangreichen Eisenverankerungen an den Nordturm angehängt werden. 1911 bis 1914 war zur Sicherung des Baues die Errichtung eines mächtigen Strebepfeilers nötig, dessen Eisenbetonpfahlroste tief in den lockeren Fels gebohrt werden mußten. Die für die sächsische Landschaft unpassenden rheinischen Helme des 19. Jahrhunderts wurden im Rahmen der Wiederherstellungsarbeiten nach dem zweiten Weltkrieg 1949 durch stilgemäßere Zeltdächer ersetzt. Außerdem wurden bis 1955 «in Würdigung des unersetzlichen geschichtlichen und architektonischen Wertes des Bauwerkes» die schwierige Auswechslung des schwammzerstörten Holzwerkes, das Einziehen einer neuen Decke im Langhaus und die Neueindeckung der Dächer durchgeführt. Vgl. auch H.-J. Mrusek (1960) S. 64.

17 Die Wände der Krypta waren ebenfalls farbig. Reste sind erhalten. Die Gewölbemalereien stammen offenbar aus der Zeit der Äbtissin Agnes (1186 bis 1203). Die Bildnisse in den Feldern 23 und 32 werden für die des Kaisers Friedrich I. (Barbarossa) und der Stifterin gehalten. Um 1539/1540 wurden die Malereien übertüncht, 1838 von Leopold von Ranke und Franz Kugler zum ersten Male erkannt, 1906/07 wieder freigelegt und die besten 1929 gepaust. Vgl. Georg Troescher: Die Gewölbemalereien der Krypta der Schloßkirche in Quedlinburg, in: Sachsen und Anhalt 1929, 5, S. 347–365. Zuletzt Heinrich L. Nickel (in Zusammenarbeit mit Gerd Baier, Gerhard Femmel und Karl Max Kober): Mittelalterliche Wandmalerei in der Deutschen Demokratischen Republik, Leipzig 1980.

18 Im Prinzip ähnlich, aber gelöster sind die Grabsteine der Äbtissin Sophie (gest. 1230) und der Äbtissin Gertrud (gest. 1270).

19 Siehe Dehio. Der Bezirk Halle, 1976, S. 363: «Unter dem Hauptaltar in der Chorapsis war eine kleine Krypta, die sog. Confessio. ... Nach dem Tode der Äbtissin Mathilde Einbau einer 3schiffigen großen Krypta in die Ostteile (Bau III b), Aufgabe der kleinen Krypta, des alten Hauptaltars und Anlage eines neuen mit tiefem Schacht anstelle des Grabes Heinrichs I.; Neuweihe 1021.» – Ausführlich Fritz Bellmann in: Kunst des Mittelalters in Sachsen. Festschrift Wolf Schubert, 1967, S. 44–57; er schreibt S. 55: «Die kleine Krypta (‹Confessio›) muß demnach ein Teil des Baues der Königin Mathilde (Bau II) gewesen sein; allerdings wurde sie ihm wohl nachträglich erst eingefügt.»

20 Umbauarbeiten in der Stiftskirche waren Anlaß, 1936 umfangreiche Grabungen im Schiff und in der Krypta sowie außerhalb auf dem übrigen Burggelände vorzunehmen. Ein Hauptanliegen bestand in der Suche nach dem Bestattungsort Heinrichs I. Die Ergebnisse dieser Grabung, die man als außerordentlich wichtig bezeichnen kann, haben die bisherigen Auffassungen über die Entwicklung und das Aussehen der Stiftsburg grundsätzlich korrigiert. So durch den Nachweis von vier nacheinander folgenden Kirchen und durch wichtige Bereicherung der Kenntnisse hinsichtlich der Gräber der Könige und Äbtissinnen, eines frühen Stufenraumes und von Schächten zur Aufbewahrung von Reliquien. Die Ergebnisse wurden 1939 in einem Vorbericht von Karl Schirwitz und Hermann Giesau (Die Grabungen auf dem Schloßberg in Quedlinburg, in: Deutsche Kunst und Denkmalpflege 1939/40, Heft 4/5) und 1959 von Hermann Wäscher (Der Burgberg in Quedlinburg, 1959) veröffentlicht. Mein väterlicher Freund Hermann Wäscher, dessen baugeschichtliche Ergebnisse diesem Kapitel zugrunde liegen, hat mir in den Jahren unserer Zusammenarbeit immer wieder wichtige Erfahrungen über bauliche Entwicklung, Methode und Problematik vermittelt.

21 Über die Bedeutung und historische Stellung der Kemenaten vgl. H.-J. Mrusek (1973).

22 Zusammenstellung bei Werner Senf: Das Nachleben antiker Bauformen von der karolingischen Zeit bis zur Schwelle der hohen Gotik in Deutschland. Ing.-Diss. Hochschule für Architektur und Bauwesen Weimar 1963, S. 108–110, 113 ff.

23 Walter Paatz: Nachwort zu der Abhandlung von E. Kluckhohn, in: Marburger Jahrbuch für Kunstwissenschaft 16. 1955, S. 85–117. Vgl. auch Günter Bandmann: Architektur als Bedeutungsträger, 1951, S. 230 ff., und W. Senf (1963) S. 100–141.

24 Bereits 984 wird eine Aufseherin der Kostbarkeiten des Stifts erwähnt. 1225 wird verordnet, «daß die Privilegien und Kostbarkeiten wie früher so auch ferner in der Sakristei aufbewahrt werden sollen». Ein Katalog, der zwischen 1520 und 1530 entstand, enthält das Verzeichnis von 44 Einzelgegenständen in 21 Nummern. Während des ausgehenden Mittelalters erhielt der Kirchenschatz wenige Zuwendungen, und auf Grund der zunehmenden Verschuldung des Stiftes seit dem 14. Jahrhundert mag manche Kostbarkeit veräußert worden sein. In Kriegszeiten hat der Schatz oft gelitten: 1547, 1812 und zuletzt im zweiten Weltkrieg. Die Verluste, die dem Stiftsschatz im April 1945 zugefügt wurden, sind unersetzlich. Außer wenigen «kleineren Reliquien, Münzen, vergoldeten Kruzifixen, Urkunden und Textilien wurden damals zwei berühmte Evangeliare des 12./13. Jahrhunderts und der bekannte Reliquienschrein Heinrichs I.» entwendet (Elisabeth Speer: Quedlinburg, 1953, S. 30 f.). Diese drei Stücke waren durch ihre Silbertreibarbeiten, Elfenbeinschnitzereien und durch den Reichtum der Edelsteine, die zwischen Zellenschmelz und Filigran eingebettet sind, von kaum abzuschätzendem materiellem und künstlerischem Wert.

25 Genaue Beschreibung in Bau- und Kunstdenkmäler – Stadt Quedlinburg, S. 141–148 (dort auch Angabe älterer Literatur). – Zuletzt Katharina Klumpp: Der Quedlinburger Tep-

pich. Zur Entstehungsgeschichte und Deutung eines sakralen Kunstwerkes. Phil. Diss. Halle 1969.

Der Wollteppich – wohl sächsische Arbeit – verzierte an hohen Festtagen den Hohen Chor. Die fünf erhaltenen Stücke wurden 1835 in der Empore der Stiftskirche gefunden. Bis dahin hatten sie als Fußdecken in der Prieche der Äbtissin gedient. Diese Reste enthalten Szenen aus der damals weit verbreiteten Schrift des in Afrika lebenden Marcianus Capella: De nuptiis philologiae et Mercurii (470 in Rom veröffentlicht).

MAGDEBURG

26 Der Ortsname «Magdeburg» weist auf eine «Mägdeburg» hin, die nach Berent Schwineköper (Handbuch der historischen Stätten Deutschlands. Band 11, 1975, S. 292) eine «germanisch-deutsche Burganlage (war), die vielleicht ursprünglich kultische Bedeutung besessen haben dürfte». – Zu Ausgrabungen auf dem Domgelände siehe Ernst Nickel: Magdeburg in karolingisch-ottonischer Zeit, in: Zeitschrift für Archäologie 7. 1973, S. 102–142.

27 Frühere Grabungen 1876 (Heinrich), 1901 (Harms), 1920 (Kunze), 1926 (Koch, Halle). Grabungen der jüngeren Vergangenheit (1959 ff.) erbrachten weitere Anhaltspunkte, vor allem über die Westteile des ottonischen Domes. 1963 fand man Reste des Querhauses und des ursprünglichen Fußbodens (freundliche Mitteilung von Fritz Bellmann). Zuletzt und umfassend Ernst Schubert: Der Magdeburger Dom, 1974. Dem Verfasser bin ich für klärende Gespräche und für die Durchsicht des vorliegenden Buches zu besonderem Dank verpflichtet.

28 Demnach muß eine frühere Kirche – vermutlich der Gründungsbau von 937 – vorausgegangen sein. Hans Thümmler (Münster) gab in einem Vortrag über den frühen Kirchenbau in Sachsen (gehalten am 18.4.1963 am Kunstgeschichtlichen Institut der Universität Halle) an, daß die ergrabenen Ost- und Westabschlüsse der wohl dreischiffigen Basilika Erweiterungen oder Erneuerungen der Kirche zwischen 1004 und 1012 (Westkrypta) und vom Jahre 1049 (Ostkrypta) angehören.

29 Die Kapitelle im Magdeburger Dom, in: Jahrbuch der Königlich Preußischen Kunstsammlungen 1909, S. 108–138: Der westfälische Meister der Münsterer Vorhalle – die mittelrheinischen Meister der Münsterer Vorhalle – der niederrheinische Meister der Münsterer Vorhalle – der Meister des Magdalenentympanons – der französische Meister.

30 Bibliothekar Gerhard Lange, Magdeburg, dem der Verfasser verschiedene Hinweise verdankt, hält es für möglich, daß die . Zisterzienser-Bauhütte noch von Albrecht II. berufen wurde. Dieser ist als Förderer der Zisterzienser bekannt. Viele Nonnenklöster dieses Ordens sind in Stadt und Erzstift Magdeburg von ihm begründet worden: St. Lorenz in der Neustadt 1221, St. Agnes in der Neustadt 1230, St. Katharinen in Wolmirstedt 1220, Althaldensleben 1228, Plötzky 1228. Albrecht II. war auch Vormund des minderjährigen Markgrafen von Brandenburg, daher wohl auch Einflußnahme auf die großen Zisterzienserklöster Lehnin und Chorin in der Mark.

31 Nach Auffassung von G. Lange war der Hauptmeister der Zisterzienser-Bauhütte wohl überhaupt nur ein Jahr – von 1231 bis zum Tode Albrechts im Jahre 1232 – in Magdeburg tätig. Diesem Hauptmeister gehörten lediglich die beiden Nordwestjoche des Bischofsganges an. Die Bauhütte selbst verläßt 1238 die Stadt.

32 Der Dom scheint noch unter Erzbischof Otto von Hessen so gut wie vollendet gewesen zu sein, namentlich die Langhausgewölbe. Auf dem Schlußstein des westlichsten Langhausgewölbes ist ein Erzbischof dargestellt, der nach der Ähnlichkeit mit dessen Grabsteinfigur (nach Hanftmann) nur Otto von Hessen sein kann. Otto von Hessen war in bedenklichen finanziellen Schwierigkeiten, scheute daher wohl die hohen Kosten der Einweihungsfeierlichkeiten. Die Einweihung erfolgte am 22.10.1363 durch Erzbischof Dietrich Kagelwit (1361 bis 1367). Dieser war einer der wenigen Erzbischöfe bürgerlicher und nichtadliger Herkunft, ein Tuchmacherssohn aus Stendal. Er war Zisterzienser und längere Zeit Ökonomieverwalter im Kloster Lehnin gewesen, war in Finanzangelegenheiten sehr versiert, wurde Kanzler des ebenfalls sehr geschäftstüchtigen Kaisers Karl IV., dann Bischof von Minden und schließlich Erzbischof von Magdeburg. Die großen, von Dietrich gestifteten Altardeckplatten (Mensen) im Hohen Chor aus rotem böhmischem Marmor lassen Dietrichs enge Beziehungen zu Karl IV. und Böhmen erkennen (Hinweis von G. Lange).

33 Der spätromanische Südflügel wurde vermutlich erst gebaut, nachdem König Philipp von Schwaben nach seinem Sieg über Otto IV. im Jahre 1199 das Weihnachtsfest in Magdeburg gefeiert hatte. Damals schenkte Philipp dem Erzbischof Ludolf (nichtadliger Herkunft, er war ein Bauernsohn aus Kroppenstedt) erhebliche Teile der Kriegsbeute, aus deren Erlös vielleicht der Südflügel gebaut wurde. Aus dem Gedicht «Ernestos» eines Magdeburger Klerikers, das 1206 Albrecht II. gewidmet wurde und eine Beschreibung des ottonischen Domes gibt, läßt sich auf Umbauten der Klausur noch unmittelbar vor dem Brande vom 20.4.1207 schließen (Hinweis von G. Lange). Vgl. Dehio. Der Bezirk Magdeburg, 1974, wo Ernst Schubert den südlichen Kreuzgangflügel in das 3. Viertel des 12. Jahrhunderts datiert.

34 Die Marienkapelle entstand nach dem Remterbrand im Jahre 1450. Sie steht nach Meinung von G. Lange auf Grundmauern aus der Zeit etwa vor 1060. Derselben Zeit gehört wohl auch die Nordwand des Remters an.

35 Bereits 1826 setzte unter Einwirkung der Romantik und der patriotischen Ideen der Befreiungskriege eine umfassende Restaurierung des Domes ein, der zur Zeit Napoleons zum Proviantlager und Schafstall erniedrigt worden war. Das Äußere, insbesondere die dekorativen Teile, hatten durch Einflüsse der Witterung und Beschuß zurückliegender Kriege stark gelitten. Sicherung der Bausubstanz und strenge Nachbildung aller ruinösen Details nach alten Vorlagen war – trotz entgegengerichteten Gutachtens Schinkels und des herrschenden «antiken Geistes» unter den Bauleuten – das anerkennenswerte Ziel der Restaurierung. Zuerst wurden die Osttürme, für die Rekonstruktionspläne vorlagen, von jüngeren Fachwerk-

aufbauten befreit, auf gleiche Höhe gebracht und flach gedeckt. Die Querhausgiebel wurden abgetragen und völlig neu wieder aufgebaut; Schäfergruppe und Konsol am nördlichen sind erneuert (Kopf im Domarchiv). Man öffnete und sicherte die Paradiesvorhalle, die meisten der hundeköpfigen Krabben und Wasserspeier wurden ersetzt. Nicht mehr erhalten ließen sich die Reste der figürlichen Malereien der Gewölbe. Während der Bischofsgang wieder ein Flachdach erhielt, Zinnenkranz, Akanthusfries und Wasserspeier weitgehend ausgewechselt wurden, erneuerte man gleichzeitig Hauptgesims und Dachgalerie des Hochchores, ebenso das Fenstermaßwerk. Am Hochschiff wurden die Brüstung abgenommen und verkürzt, die dekorativen Giebel des nördlichen Seitenschiffes bis auf einen erneuert. Hierbei wurden die ursprünglichen Krabben wieder verwendet. Auch die Westtürme bedurften in den Details einer gründlichen Restaurierung. Im Inneren beseitigte man die helle Tünche und die nachmittelalterliche, meist morsche Holzausstattung, verputzte die vielen schadhaften Werksteine mit Gips und belegte den Fußboden nach Aufstellung der Grabplatten im Kreuzgang mit Steinplatten.

Mit Dübeln, eisernen Ankern – profilierten gußeisernen Bögen unter den Chorrippen – sowie verzahnten Quadern sicherte man den riesigen Bau, der trotz des Auswechselns vieler Quader nichts von seinem ursprünglichen Ausdruck verlor. Untrennbar mit der Domrestaurierung ist der Architekturmaler Carl Georg Adolf Hasenpflug (1802 bis 1858) verbunden. Am meisten geschätzt sind seine handwerklich-technisch meisterhaft ausgeführten Gemälde der Dome zu Magdeburg, Erfurt und Halberstadt. In seiner ersten realistischen Periode tritt uns Hasenpflug als «malender Restaurator» und Wegbereiter der Denkmalpflege entgegen. Von 1826 bis 1828 schuf er allein vom Magdeburger Dom sechs Gemälde (und drei Wiederholungen davon). Durchzuführende denkmalpflegerische Veränderungen – Flachdach des Chorumganges, der Lilienkranz und andere Ergänzungen – hat der Künstler vorweggenommen. So spricht alles dafür, daß vor allem der Ausbau der Ostpartie nach Gemälden Hasenpflugs durchgeführt wurde. Bei der Innenansicht (zwischen 1826 und 1828) wirkt auf uns die stimmungsvolle Kathedrale. Das raumstörende Gestühl ist weggelassen, ebenso verunklärende Epitaphe. Der frühgotische Kapellenbau mit den Sitzbildern Ottos und Edithas steht noch im zweiten Nordarkadenjoch des Langhauses und in dessen Mitte der 1309 gestiftete Katharinenaltar (H.-J. Mrusek, 1959, S. 113/114).

Bemerkenswerte denkmalpflegerische Arbeiten erfolgten nach dem zweiten Weltkrieg. 1945 schlugen zwei Bomben in die Westfront. Schwere Treffer zertrümmerten die westlichen Gewölbe beider Seitenschiffe. Sie zerstörten die Maßwerke der Fenster sowie die Verglasung und beschädigten die Pfeiler. Schäden entstanden an den Epitaphen. – Die umfangreichen Wiederherstellungsarbeiten erfolgten – wie grundsätzlich bei allen Bauwerken – der Dringlichkeit nach: von 1946 bis 1950 wurden die schweren Dachschäden beseitigt und Steinmetzarbeiten in den Seitenschiffen durchgeführt. 1950 bis 1951 wurden die riesigen Fenster mit Antikglas verglast

und Teile der Seitenschiffe gewölbt, 1952 das klaffende Loch in der Westfront geschlossen. Seitdem laufen Bildhauerarbeiten an den Epitaphen. 1955 erfolgten das Putzen der Gewölbe und der Bruchsteinwände, danach weitere Arbeiten im Innern, unter anderem das Wölben des Bischofsganges. Die Fußbodenplatten wurden in Sand verlegt, um Grabungen, die seit Herbst 1959 durchgeführt wurden, zu erleichtern. Die kostbare, meist vorher restaurierte Innenausstattung (Chorgestühl, Mauritius, Grabplatten usw.) wurde neu aufgestellt.

36 Ein bedeutendes Werk der Magdeburger Gießhütte sind die sogenannten Korssunschen Bronzetüren in Nowgorod. Die inhaltlich und stilgeschichtlich problemreichen Türflügel müssen um 1153 entstanden sein. Auf ihnen wird Erzbischof Wichmann von Magdeburg mehrere Male in der Art dargestellt wie sein Vorgänger Friedrich auf der Grabplatte (vgl. Taf. 112). Auch Bildnisse der Künstler erscheinen. Die Türen wurden wahrscheinlich 1336 nach Rußland exportiert. Heute befinden sie sich in der Sophienkathedrale in Nowgorod. Vgl. H.-J. Mrusek (1962). Es ist nicht unwahrscheinlich, daß auch das Denkmal Heinrichs des Löwen (1166) auf dem Burghof zu Braunschweig ein Werk der Magdeburger Gießhütte ist.

37 1445 hier vermauert und durch die Bilderstürmer der Reformationszeit beschädigt.

38 Studien zur Geschichte der sächsischen Skulptur, 1902; Abbildung der Rekonstruktion auch bei Hermann Giesau, Der Dom zu Magdeburg, 1924, S. 23; vgl. L. Burger (1930), S. Fliedner (1941/43), L. Behling (1954).

39 Neuere Deutungen (vor allem B. Schwineköper, 1964) wollen als Auftraggeber des Reiterstandbildes den erzbischöflichen Stadtherren sehen, der es als Ausdruck der vom Kaiser verliehenen Hoheitsrechte habe aufstellen lassen (vgl. auch Dehio. Der Bezirk Magdeburg, 1974, S. 289). In Anbetracht der zu dieser Zeit stark angewachsenen politischen Macht des Bürgertums halte ich es jedoch kaum für möglich, daß der Erzbischof zu einer solchen Demonstration im Herzen der bürgerlich-gotischen Stadt noch fähig war.

40 Während des zweiten Weltkrieges waren die «Jungfrauen» in Sicherheit gebracht und nach bildhauerischer Sanierung 1962 im Portalgewände des Nordquerhauses wieder aufgestellt worden.

41 Vgl. hierzu die Interpretation im Dehio (1974), S. 275: «Unter einer Kreuzigungsgruppe in der Mitte Schmerzensmann, zu seiner Linken Elisabeth v. Thüringen mit heiligem Einsiedler (Antonius?), zu seiner Rechten Kunigunde und Nikolaus; dem Grabmal Erzbischof Ottos v. Hessen †1361 und den gleichfalls hervorragenden Werken dieser Zeit in Erfurt-Severi und im Halberstädter Dom eng verwandt.»

42 Es sei auf die riesigen Epitaphe prominenter Verstorbener und auf die Kanzel hingewiesen. Als Werke des 16. und 17. Jahrhunderts, die außerdem wenig organisch in die mittelalterliche Kathedrale eingefügt sind, stehen sie außerhalb unserer Betrachtung. Kurz sollen die wichtigsten Arbeiten, die ein Bildhauerzentrum von überlokaler Bedeutung für Magdeburg von etwa 1590 bis zum Beginn des Dreißigjährigen Krieges erkennen lassen, Erwähnung finden: Hans Klintzsch von Pirna arbeitete in der Zeit vor 1590 bis 1595 für drei Domherren die

riesigen Epitaphe im nördlichen Seitenschiff, 1590/91 schuf er das Hängeepitaph für Werner von Plothow. Den Höhepunkt erreichte die Magdeburger Spätrenaissance mit der Kanzel von Christoph Kapup aus Nordhausen (1597). Der Kanzelträger (Paulus), Reliefs, Statuetten und andere reizvolle Details sind in vollendeter Alabastertechnik ausgeführt. Der Nachfolger Kapups, Sebastian Ertle, schuf die Epitaphe für Wichard von Bredow (1601), Johann von Lossow (1605) und Ludwig von Lossow (gest. 1616). Christoph Dehne (1612 und 1626 urkundlich erwähnt) vollzog den Übergang vom flachen zweidimensionalen Roll- und Beschlagwerk zum malerischen, auf vollplastische Licht-Schatten-Wirkung ausgehenden Knorpelstil. Er schuf die Epitaphe für Ernst von Melling (1616) und Cuno von Lochow (1623) und das Epitaph für Christian von Hopkorf (nach 1625), dessen Einzelformen leidenschaftlich durchwühlt und fratzenhaft verzerrt sind. Vgl. H.-J. Mrusek (1959) S. 90–95 und 160 (Lit.-Verz.); Günter Deneke: Magdeburgische Bildhauer der Hochrenaissance und des Barock. Phil. Diss. Halle 1911.

In der Rundnische des nördlichen Querhauses steht das Ehrenmal für die Gefallenen des ersten Weltkrieges von Ernst Barlach. Der Künstler hat das aus Eichenholz geschnitzte Monument eigens für diesen Platz im Magdeburger Dom 1929 geschaffen. Es wurde 1933 entfernt und 1959 wieder an seinem ursprünglichen Platz aufgestellt. Über die ausdrucksstarke Gruppe schreibt der Künstler selbst: «Auf einem Gräberfeld erheben sich drei Krieger, das ragende Grabkreuz der vor ihnen Hingesunkenen umringend in der Haltung solcher, die sich behaupten werden. In der Mitte, hochaufgereckt, obwohl verwundet am Kopf, heroisch dem Tod ins Auge blikkend, der junge Führer, rechts von ihm, schon tiefer im Bereich des Todes fußend, der ältere Landsturmmann, links von ihm der noch knabenhafte Neuling in dieser Welt der Ungeheuerlichkeiten, trotz seiner Zagheit und Unerfahrenheit der Erprobung gewachsen; der Sturm des Kampfes hat die Gestalt des schon skelettierten Soldaten, den Stahlhelm auf dem im Fleisch verfallenen Kopf, halben Leibes emporgeworfen, und ihn flankieren zwei durch alle Stadien des Schreckens gezwungene, kaum noch dem Leben angehörende Genossen der noch Aufrechten.» Vgl. Oscar Gehrig: Ernst Barlachs Kriegsgedächtnismal im Magdeburger Dom, in: Kunst und Künstler 28. 1929/30, S. 156–158; Ernst Barlach: Fragmente von weitläufigen Auslassungen, in: Bildende Kunst 6. 1957, S. 386 bis 388.

HALBERSTADT

43 Die Grabungen, die fast den gesamten Innenraum des Domes erfaßten, erfolgten von 1952 bis 1955 durch das Institut für Denkmalpflege, Arbeitsstelle Halle (Gerhard Leopold, angeleitet von Fritz Bellmann). Der ersten Kirche des 9. Jahrhunderts – dem Gründungsbau – ging noch ein Saalbau mit den Abmessungen von ungefähr 7 mal 5 Metern voraus. Die erhaltenen Fundamente sämtlicher Vorgängerbauten liegen ineinander geschachtelt im Innern des heutigen Domes. Das reich gegliederte Sanktuarium blieb immer an derselben Stelle auf dem Boden des gotischen Chores. Die Querhäuser stimmen

ebenfalls überein. Das Westwerk bzw. die Westanlage endete hinter der gotischen Westfront. Vgl. Fritz Bellmann in: Kunstchronik 1955, S. 120–124; Reiner Frenzel: Vorarbeiten zu einer Baugeschichte des Halberstädter Domes, Phil. Dipl.-Arbeit Leipzig 1958. – Wichtige Angaben verdanke ich meinem verehrten Kollegen Hans Thümmler. – Zuletzt Ernst Schubert in: Johanna Flemming, Edgar Lehmann und Ernst Schubert: Dom und Domschatz zu Halberstadt, 1976[2]. Eine Gesamtveröffentlichung der Grabungen wird von Ernst Schubert und Gerhard Leopold vorbereitet.

In verdienstvoller Weise hat sich Ernst Schubert mit der Baugeschichte durch gründliche Interpretation der schriftlichen Quellen, der Grabungsbefunde und der Bausubstanz sowie der Einzelformen auch des Halberstädter Domes auseinandergesetzt. Seine vorsichtig vorgetragenen, differenzierten Ergebnisse basieren auf bemerkenswerten Analysen und ausführlichen Beschreibungen der einzelnen Bauzustände und der historischen Zusammenhänge. Es wird daher empfohlen, bei Einzelfragen zur Baugeschichte, zur Ausstattung oder zum Domschatz in dem Werk von Flemming, Lehmann und Schubert nachzuschlagen.

44 Das Westwerk, das als eine neue Architekturform eingeführt wurde, lag als weiterer Baukörper westlich vor dem Langhaus. Ein dichter Fundamentrost aus Längs- und Quermauern wurde von ihm ausgegraben. Darüber müssen wir uns ebenso wie bei dem Westwerk der Abteikirche von Corvey – dem einzigen erhaltenen karolingischen Westwerk – eine fünfschiffige Eingangshalle vorstellen, über der sich eine Oberkirche erhob, deren Inneres über zwei flankierende Treppentürme zugänglich war. Die Architekturform des Westwerkes ist eine der großen Neuschöpfungen der karolingischen Baukunst. Bereits zu Beginn der Regierungszeit Karls des Großen tritt sie an der Abteikirche zu Lorsch (um 774) auf. Hier fanden sich ähnliche Fundamentroste wie in Halberstadt. Nachdem diese Westbaugruppe in Halberstadt übernommen worden war, folgten in Sachsen weitere Beispiele von gleicher Grundstruktur am Dom zu Hildesheim, an der Klosterkirche in Corvey und am Dom zu Minden. (Hans Thümmler, Vortrag, Halle 1963).

Ergänzt werden muß, daß in der Mitte des Westwerkes ein trapezförmiges Grab gefunden worden ist, das, älter als dieses, zu einem selbständigen Grabraum gehörte, der westlich vor der Gründungskirche lag und der vielleicht die Form einer Trikoncha hatte.

45 Nach H. Thümmler (Vortrag, Halle 1963) nimmt die Krypta am Dom zu Halberstadt eine Mittelstellung zwischen denen von Vreden und Corvey ein. Die Halberstädter Krypta «hatte mit Corvey die kreuzförmige Ostkapelle im Scheitel des ringförmigen Apsisumganges und die beiden gerade schließenden Seitenstollen längs des Chores gemeinsam, während die Anlage eines weiteren Stollens mitten unter dem Chor auf die gleiche Raumform in der Krypta zu Vreden hinweist. In ihm befand sich, wie wir das auch für Vreden annehmen, die Anlage eines Heiligengrabes.» Ebenfalls wie in Vreden lag in Halberstadt vor der reichgegliederten Ostpartie «ein nicht unterteiltes über dem Langhaus vorspringendes Querhaus».

46 Die neuen Baugedanken dieser Basilika, die, wie die Grabungen zeigten, weitgehend auf den Fundamenten ihres karolingischen Vorgängers stand, kommen nach H. Thümmler (Vortrag, Halle 1963) vor allem in der Pfeileranordnung des Mittelschiffes zur Geltung. Das Schiff wurde von einem starken längsrechteckigen Stützenpaar in zwei gleiche Teile unterteilt. Dieselbe Gliederung wiederholt sich mittels quadratischer Pfeiler von gleicher Stärke in den beiden Schiffshälften. Zwischen diesen Stützen lagen schmalere Pfeiler- und Säulenpaare, so daß hier ein Zweistützenwechsel nach dem Rhythmus a – b a – c a – b a – a angewendet wurde. Dabei müssen jeweils zwei Arkaden über den schmalen Pfeilern durch einen Übergangsbogen zusammengefaßt gewesen sein, um die verschiedene Stärke der Pfeiler mit der der Wand in Einklang zu bringen. Auf doppelte Weise wurden so die Ecken der vier Grundrißquadrate markiert. Von dem Arkadensystem des ottonischen Domes zu Halberstadt erhält man eine Vorstellung durch die Stiftskirche zu Drübeck, bei der die Arkaden des Mittelschiffes mit Stützenwechsel und Überfangbogen von dem Bau aus der Zeit um 1000 noch erhalten sind.

47 Hermann Giesau: Eine deutsche Bauhütte aus dem Anfang des 13. Jahrhunderts, 1912, S. 55–86.

48 R. Frenzel (1958) S. 13, macht glaubhaft, daß die Vorhalle tatsächlich vorhanden war. In einer im Staatsarchiv zu Magdeburg befindlichen Baurechnung von 1367 ist die Reparatur einer Vorhalle angeführt. Es spricht eigentlich nichts dagegen, daß es sich um die atriumsartige Vorhalle nach burgundischem Muster handelt, wie sie in dem ursprünglichen Plan der Zisterzienser vorgesehen war. Vgl. auch Paulus Hinz: Gegenwärtige Vergangenheit, 1962, S. 22–26; H. Giesau (1912) Tafeln XVII, XVIII und XXI.

49 An den Türmen wurde nach den Bränden in den Jahren 1455, 1513 und 1574 mehrfach gebaut, ebenso 1856 bis 1868 nach einem Brand. 1882 und 1891 mußten die neugotischen Aufbauten völlig abgetragen werden. Im Jahre 1896 wurde der Wiederaufbau in der heutigen Form vollendet (siehe R. Frenzel, 1958, S. 14, 60, 67).

50 Die heutige Wölbung des Kreuzganges scheint nicht die der Erbauungszeit zu sein. Die noch vorhandenen Konsolen aus dem zisterziensischen Bauabschnitt stehen in keinem organischen Verhältnis zu dem recht roh wirkenden Kreuzgratgewölbe. Bemerkenswert unterschiedlich und oft verändert ist die Innenwand des nördlichen Kreuzgangflügels. Zu bemerken ist, daß die im Grundriß (Abb. S. 192) eingezeichneten Gewölbegrate mit ihren Ungenauigkeiten übernommen sind.

51 Vgl. Lottlisa Behling: Gestalt und Geschichte des Maßwerks, 1944.

52 Vortrag am Kunstgeschichtlichen Institut der Universität Halle 1956. Vgl. Hermann Giesau: Der Dom zu Halberstadt, 1929, S. 18.

53 Vgl. R. Frenzel (1958) S. 82.

54 Über das Baugeschehen nach 1500 wissen wir wenig. Lediglich an den Westtürmen fanden die verschiedenen Veränderungen statt (vgl. Anm. 49). Auch am Turmmittelbau wurde manches verändert, vor allem Schmuckformen ausgewechselt (Fensterrose, Portal usw.). Diese Arbeiten müssen nach dem

Umbau der Türme durchgeführt worden sein (vgl. R. Frenzel, 1958, S. 63–65). Eine entscheidende Veränderung im Inneren des Domes entstand durch den Einbau der Orgelempore, wobei die hohe Turmvorhalle horizontal unterteilt wurde. H. Giesau datiert den Emporeneinbau noch in das 16. Jahrhundert. Der in das Langhaus ragende Teil der Empore ersetzte eine Holzempore der Barockzeit und dürfte um 1845 in Verbindung mit der Reparatur der Orgel entstanden sein (vgl. R. Frenzel, 1958, S. 61/62). Von den Restaurierungsarbeiten im Langhaus, die nach Döring von 1856 bis 1868 stattfanden, ist nur wenig feststellbar. Bemerkenswert ist, daß die ursprünglich in ihren unteren Teilen verglasten Obergadenfenster der Westjoche zugesetzt und mit Blendtriforien versehen wurden. Auf Veränderungen in den Gewölbefiguren und Schaffung neuer Wendelsteine (z. B. im Nordquerhaus) sei lediglich verwiesen (vgl. R. Frenzel, 1958, S. 65/66). Die Bauakten geben uns spärlich Auskunft über die Restaurierungsarbeit im 19. Jahrhundert. Es sind dies laut Kostenanschlägen, die seit dem Jahre 1859 bestehen, hauptsächlich Reparaturarbeiten an den Türmen, an den Frontwänden, an dem Mauerwerk im Inneren der Kirche und auf dem Dache sowie dem Bleigange. Aufschlußreich ist folgender Aktenvermerk von 1861: «Nachdem in den Jahren 1858, 59, 60 und 61 die Türme, das Langschiff und der südliche Kreuzarm bis auf die Dächer vollendet sind, würden in den kommenden Jahren die Wiederherstellung der Dächer auf dem Langschiff und den Kreuzarmen sowie die gänzliche Restauration des nördlichen Kreuzarmes und der daranstoßenden Strebepfeiler am Hohen Chor wohl die nächsten und notwendigsten Arbeiten am hiesigen Dome sein. Auch das große bunte Fenster des südlichen Kreuzgiebels und die Bildsäulen in sämtlichen Strebepfeilern sollen hergestellt werden.»

Bis 1865 wurden die Glasmalereien im Hohen Chor und im Querhaus restauriert oder ergänzt sowie Figuren für die leer gebliebenen Nischen der Strebepfeiler des Langhauses geschaffen.

Inwieweit der Gesamteindruck des Domes durch diese Restaurierungsarbeiten verändert worden ist, ist schwer feststellbar. Zusammenfassend läßt sich sagen: Abgesehen vom Einbau des neugotischen Teiles der Orgelempore (1866) und der Veränderung der Westtürme (vgl. Ansicht von Hasenpflug, Abb. S. 205) dürfte sich die Restaurierung vorwiegend auf das Auswechseln der durch die Witterung beschädigten Quader- und Formsteine (Maßwerk, Gewölberippen, Balustrade, Fußgesimse, Strebepfeiler, Gewände, Profile von Portalen und Fenstern usw.) beschränkt haben. «Generell scheinen diese Arbeiten aber ohne deutliche Willkür in einer angemessenen Anlehnung an den alten Bestand geschehen zu sein.» (R. Frenzel, 1958, S. 59–72.)

Bemerkenswert sind umfangreiche denkmalpflegerische Arbeiten, die nach dem zweiten Weltkrieg durchgeführt wurden. Zwölf Bombentreffer hatten 1945 in Dom- und Kreuzgangbezirk schwere Schäden angerichtet und unter anderem das Chorgewölbe und den südwestlichen Vierungspfeiler durchschlagen, so daß der Einsturz der Vierung drohte. Dieser Pfeiler wurde bereits 1946/47 gesichert, ebenso das Chordach. Hierauf erfolgten die Wölbung des Chores und die Wiederherstellung und Sicherung der Dächer über dem Kapitelsaal und dem Seitenschiff. 1951 wurden die Schäden der Gewölbe des südlichen Seitenschiffes sowie der abgerissenen Strebebögen und -pfeiler des Langhauses und anderer Bauteile beseitigt. Obwohl Ausbesserungen am Bauschmuck noch nötig sind, wirkt die prächtige Kathedrale außen und vor allem innen, mit ihren spätmittelalterlichen Glaswänden im Chor, gereinigt von Gestühl und neuzeitlichen Pfeilerfiguren, wieder geschlossen und künstlerisch einheitlich.

Während der Instandsetzungsarbeiten liefen über drei Jahre hinweg umfangreiche Bauuntersuchungen. Flächengrabungen im Chor und im Langhaus brachten Aufschluß über den bisher völlig unbekannten karolingischen Gründungsbau mit «Dreizellensanktuarium, unechtem Querhaus und gedrungenem Schiff», um den sich um 850 eine Taufkirche im Westen und andere Bauten gruppierten.

55 Zur Halberstädter Triumphkreuzgruppe siehe Helga Neumann: Untersuchungen zur Ikonographie der Kreuzigung Christi. Theol. Habil.-Arbeit Halle 1968; zuletzt Edgar Lehmann in: J. Flemming, E. Lehmann und E. Schubert (1976²) S. 31–76.

56 Wohl schon im 18. Jahrhundert, wie sich aus der barocken, fast manieristischen Gestaltungsweise der Figuren annehmen läßt.

57 Zu den wichtigsten Werken gehören am südöstlichen Vierungspfeiler das Epitaph des Dechanten Caspar von Kannenberg (gest. 1605), in seiner krausen Kleinteiligkeit ein charakteristisches Werk der Magdeburger Spätrenaissance von Sebastian Ertle. Bemerkenswert ist vor allem das große Epitaph des Erzbischofs Friedrich von Wettin (gest. 1552) von Johann Pincerna (Hans Schenk aus Berlin) 1558. Von den zahlreichen Grabplatten seien die Bronzeplatte des Dompropstes Balthasar von Neuenstadt (gest. 1516) aus der Werkstatt von Hermann Vischer d. J. hervorgehoben. Meisterwerke des Barocks sind die Grabkapelle der Familie von dem Busche-Streithorst und der ebenfalls reich geschnitzte riesige Orgelprospekt von 1718. Weitere Bildwerke bei P. Hinz (1962).

58 Die farbigen Fenster im Umgange sind im 15. Jahrhundert neu zusammengefügt und an ihren jetzigen Ort versetzt, außerdem stark ergänzt worden. Bemerkenswert ist dagegen die im Programm ziemlich vollständig erhaltene Farbverglasung der Marienkapelle. Sie ist nach Hans Wentzel (Meisterwerke der Glasmalerei, 1951), und zwar nach den «trachtlich-modischen Einzelheiten …, kaum vor 1300 geschaffen worden». Da die Verglasung jedoch unverändert in den Fenstern sitzt, müßte sie auf Vorrat speziell für diese – allerdings erst ein halbes Jahrhundert später erbaute – Kapelle geschaffen worden sein. Ernst Schubert (1973) datiert das Mittelfenster um 1330/40, das nördliche um die Mitte des 14. Jahrhunderts, das südliche danach; Entstehung der Fenster im Chorumgang etwa zwischen 1400 und 1440.

59 Ausführliche Darstellung des Domschatzes durch P. Hinz (1962) mit zahlreichen Abbildungen und Erklärungen zur liturgischen Verwendung der einzelnen Exponate. Bemerkenswert ist die vorbildliche Aufstellung des Schatzes in zum Teil neu eingerichteten Sammlungsräumen seit 1959. Nachdem der Domschatz 1945 vor dem Zugriff der amerikanischen Besatzungsmacht bewahrt geblieben war, wurde er in den darauffolgenden Jahren einer «sorgfältigen pflegerischen Spezialbehandlung» zugeführt. Letzte Darstellung der wichtigsten Werke des Domschatzes durch Johanna Flemming in: J. Flemming, E. Lehmann und E. Schubert (1976²) S. 157–252, mit zahlreichen neuen Zuschreibungen und Umdatierungen.

LITERATURVERZEICHNIS

Aufgeführt wird die wichtigste Literatur zum Thema. Sie ist nach Kapiteln und innerhalb dieser chronologisch gegliedert und enthält in Quellen- und Schrifttumsverzeichnissen sowie in Anmerkungen weitere Hinweise. Weiterführend (bis 1958, mit Nachträgen bis 1965) Harksen, Sibylle: Bibliographie zur Kunstgeschichte von Sachsen-Anhalt. Berlin 1966 (Schriften zur Kunstgeschichte).

ZUR GESCHICHTE

Rietschel, S(iegfried): Das Burggrafenamt und die hohe Gerichtsbarkeit in deutschen Bischofsstädten. Leipzig 1905

Kötzschke, R(udolf): Staat und Kultur im Zeitalter der ostdeutschen Kolonisation. Leipzig 1910

Siedler, Ed(uard) Jobst: Ottonische Machtgründungen an der Saale. Ihre Beziehungen zu den Stammsiedlungen und zur Gesamtstadt. In: Zentralblatt der Bauverwaltung 36. 1916, S. 62–65, 73–75

Geppert, Friedrich: Die Burgen und Städte bei Thietmar von Merseburg. In: Thüringisch-Sächsische Zeitschrift für Geschichte und Kunst 16. 1927, S. 162–244

Widukind von Corvey. Sächsische Geschichten. Neu übertragen und bearbeitet von P. Hirschfeld. Leipzig 1931⁵

Keyser, Erich: Deutsches Städtebuch. Band II. Mitteldeutschland. Stuttgart/Berlin 1941

Rieckenberg, Hans Jürgen: Königsstraßen und Königsgut in Liudolfingischer und Frühsalischer Zeit (919 bis 1056). In: Archiv für Urkundenforschung 17. 1942, S. 52 ff.

Timme, Fritz: Ostsachsens früher Verkehr und die Entstehung alter Handelsplätze. In: Braunschweigische Heimat 36. 1950, S. 107–136

Schmidt, Walter: Sachsen-Anhalt als geographischer Raum. In: Wissenschaftliche Zeitschrift der Martin-Luther-Universität Halle-Wittenberg. Mathematisch-Naturwissenschaftliche Reihe 2. 1952/53, (2), S. 11–18

Werner, Ernst: Grundlagen der Politik Heinrichs I. In: Wissenschaftliche Zeitschrift der Karl-Marx-Universität Leipzig. Gesellschafts- und Sprachwissenschaftliche Reihe 1952/53, S. 327–338

Thietmari Merseburgensis Episcopi Chronicon. Herausgegeben von Robert Holtzmann. Berlin 1955 (= Monumenta Germanicorum Historiarum Scriptorum. N. S. 9)

Geschichte des Mittelalters. Band I. Redaktionelle Bearbeitung J. A. Kosminski und S. D. Skraskin. Berlin 1958 (Aus dem Russischen)

Hauck, Albert: Kirchengeschichte Deutschlands. 5 Bände. Berlin 1958⁹

Atlas des Saale- und mittleren Elbegebietes. Herausgegeben von Otto Schlüter und Oskar August. Leipzig 1958 ff.

Mrusek, Hans-Joachim: Deutsche Burgen und Schlösser zwischen Harz und Oder und ihre heutige Verwendung. In: Burgen und Schlösser 1. 1960 (2), S. 28–31

Bartmuß, Hans-Joachim: Zur Entstehung des frühfeudalen deutschen Staates. Phil. Diss. Halle 1961

Schlesinger, Walter: Mitteldeutsche Beiträge zur Verfassungsgeschichte des Mittelalters. Göttingen 1961

Schlesinger, Walter: Kirchengeschichte Sachsens im Mittelalter. 2 Bände. Köln/Graz 1962

Westermanns Atlas zur Weltgeschichte. Teil II: Mittelalter. Bearbeitet von Heinz Quirin und Werner Trillmich. Braunschweig 1963

Stern, Leo und Hans-Joachim Bartmuß: Deutschland in der Feudalepoche von der Wende des 5./6. Jahrhunderts bis zur Mitte des 11. Jahrhunderts. Berlin 1963. 3. Auflage 1973

Stern, Leo und Horst Gericke: Deutschland in der Feudalepoche von der Mitte des 11. Jahrhunderts bis zur Mitte des 13. Jahrhunderts. Berlin 1964

Stern, Leo und Erhard Voigt: Deutschland in der Feudalepoche von der Mitte des 13. Jahrhunderts bis zum ausgehenden 15. Jahrhundert. Berlin 1964. 2. Auflage 1976

Gesichte der deutschen Länder. «Territorien-Ploetz». Band 1: Die Territorien bis zum Ende des alten Reiches. Herausgegeben von Georg Wilhelm Sante und A. G. Ploetz-Verlag. Würzburg 1964

Müller-Mertens, Eckard, Erich Paterna und Max Steinmetz: Deutsche Geschichte. Von den Anfängen bis 1945. Leipzig 1965

Hempel, Hermann: Bisherige und künftige Erforschung deutscher Königspfalzen. Zugleich Bericht über Arbeiten des Max-Planck-Institutes für Geschichte und Pfalzforschung. In: Geschichte 1965, S. 461–487

Bartmuß, Hans-Joachim: Die Geburt des ersten deutschen Staates. Berlin 1966

Bartmuß, Hans-Joachim: Zum Verhältnis zwischen Sachsen und Franken im 9. und zu Beginn des 10. Jahrhunderts. In: Germanen, Slawen, Deutsche. Berlin 1968, S. 89–103

Beiträge zur Geschichte des Erzbistums Magdeburg. Herausgeben von Franz Schrader. Leipzig 1969 (= Studien zur katholischen Bistums- und Klostergeschichte)

Quiter, Eduard: Untersuchungen zur Entstehungsgeschichte der Kirchenprovinz Magdeburg. Ein Beitrag zur Geschichte des kirchlichen Verfassungsrechtes im zehnten Jahrhundert. Paderborn 1969

Claude, Dietrich: Die Geschichte des Erzbistums Magdeburg. Köln 1972

Schwineköper, Berent: Handbuch der historischen Stätten Deutschlands. Band 11. Sachsen-Anhalt. Stuttgart 1975

Jordan, Karl: Goslar und der Harzraum in der Geschichte der deutschen Kaiserzeit. In: Denkmalpflege 1975. Dokumentation der Jahrestagung der Vereinigung der Landesdenkmalpfleger in der Bundesrepublik Deutschland. Goslar. 15.–20. Juni 1975, S. 15–19

ZUR KUNSTGESCHICHTE

Goldschmidt, Adolph: Studien zur Geschichte der sächsischen Skulptur. Berlin 1902

Giesau, Hermann: Eine deutsche Bauhütte aus dem Anfange des

13. Jahrhunderts. Studien zur Geschichte der Frühgotik in Sachsen und Thüringen. Halle a. d. S. 1912 (= Studien zur thüringisch-sächsischen Kunstgeschichte. 1)

Hildebrand, Arnold: Sächsische Renaissanceportale und die Bedeutung der halleschen Renaissance für Sachsen. Halle 1914

Zeller, Adolf: Die Kirchenbauten Heinrichs I. und der Ottonen in Quedlinburg, Gernrode, Frose und Gandersheim. Berlin 1916

Panofsky, Erwin: Die deutsche Plastik des elften bis dreizehnten Jahrhunderts. München 1924

Jantzen, Hans: Deutsche Bildhauer des dreizehnten Jahrhunderts. Leipzig 1925

Kunze, Herbert: Die Plastik des vierzehnten Jahrhunderts in Sachsen und Thüringen. Berlin 1925

Kurth, Betty: Die deutschen Bildteppiche des Mittelalters. 2 Bände. Wien 1926

Giesau, Hermann: Sächsisch-Thüringische Kunst als Wesensausdruck des mitteldeutschen Menschen. In: Jahrbuch der Denkmalpflege in der Provinz Sachsen und in Anhalt 1933/34, S. 5–47

Hünicken, Rolf: Halle in der mitteldeutschen Architektur der Spätgotik und Frührenaissance. 1450–1550. Halle 1936

Lehmann, Edgar: Der frühe deutsche Kirchenbau. Die Entwicklung seiner Raumanordnung bis 1080. Berlin 1938. 2. Auflage 1949

Arndt, Johannes: Kunst und Landschaft in Mitteldeutschland. In: Wissenschaftliche Veröffentlichungen des Deutschen Museums für Länderkunde zu Leipzig N. F. 5. (Leipzig) 1938, S. 31–65

Schlag, Gottfried: Die deutschen Kaiserpfalzen. Frankfurt/Main 1940

Lehmann, Edgar: Über die Bedeutung des Investiturstreits für die deutsche hochromanische Architektur. In: Zeitschrift des Deutschen Vereins für Kunstwissenschaft 7. 1940, S. 75–88

Bandmann, Günter: Mittelalterliche Architektur als Bedeutungsträger. Berlin 1951

Wentzel, Hans: Meisterwerke der Glasmalerei. Berlin 1951. 2. Auflage 1954

Herzog, Erich: Von der Römerstadt zur Bürgerstadt des Mittelalters. Phil. Habil.-Arbeit Frankfurt/Main 1953

Nickel, Heinrich: Untersuchungen zur spätromanischen Bauornamentik Mitteldeutschlands. In: Wissenschaftliche Zeitschrift der Martin-Luther-Universität Halle-Wittenberg. Gesellschafts- und Sprachwissenschaftliche Reihe 3. 1953/54, S. 25–74

Nickel, Heinrich: Die Erbauungszeit des Langhauses der Klosterkirche zu Hamersleben. Eine stilkritische Untersuchung der Kapitellornamentik. In: Wissenschaftliche Zeitschrift der Martin-Luther-Universität Halle-Wittenberg. Gesellschafts- und Sprachwissenschaftliche Reihe 3. 1953/54, S. 653–665

Zur Methodik und Auswertung von Grabungen im Bereich der Baukunst des Mittelalters. In: Kunstchronik 8. 1955

Kluckhohn, Erwin: Die Bedeutung Italiens für die romanische Baukunst und Bauornamentik in Deutschland. Mit einem Nachwort von Walter Paatz. In: Marburger Jahrbuch für Kunstwissenschaft 16. 1955, S. 1–120

Grimm, Paul: Die vor- und frühgeschichtlichen Burgwälle der Bezirke Halle und Magdeburg. Berlin 1958

Mann, Albrecht: Doppelchor und Stiftermemorie. Zum kunst- und kulturgeschichtlichen Problem der Westchöre. In: Westfälische Zeitschrift 111. 1961, S. 149–262

Mrusek, Hans-Joachim: Burgenforschung im Gebiet der mittleren Elbe und Saale. In: Burgen und Schlösser 2. 1961 (2), S. 37–44

Wäscher, Hermann: Feudalburgen in den Bezirken Halle und Magdeburg. 2 Bände. Berlin 1962

Das erste Jahrtausend. Kultur und Kunst im werdenden Abendland an Rhein und Ruhr. Textband I. Düsseldorf 1962

Mrusek, Hans-Joachim: Romanische Bildwerke. Leipzig 1962

Senf, Werner: Das Nachleben antiker Bauformen von der karolingischen Zeit bis zur Schwelle der hohen Gotik in Deutschland. Ing.-Diss. Hochschule für Architektur und Bauwesen Weimar 1963

Herzog, Erich: Die ottonische Stadt. Die Anfänge der mittelalterlichen Stadtbaukunst in Deutschland. Berlin 1964

Mrusek, Hans-Joachim: Zur Burgen- und Stadtkernforschung zwischen Harz und Oder. In: Burgen und Schlösser 7. 1966, (2), S. 33–45

Mrusek, Hans-Joachim: Von der ottonischen Stiftskirche zum Bauhaus. Kunst- und Kulturdenkmäler im Bezirk Halle. Leipzig 1967

Kunst des Mittelalters in Sachsen. Festschrift Wolf Schubert. Dargebracht zum sechzigsten Geburtstag. Weimar 1967

Neumann, Helga: Untersuchungen zur Ikonographie der Kreuzigung Christi. Theol. Habil.-Arbeit Halle 1968

Mrusek, Hans-Joachim: Burgen in Europa. Leipzig 1973

Mrusek, Hans-Joachim: Gestalt und Entwicklung der feudalen Eigenbefestigung im Mittelalter. Berlin 1973 (= Abhandlungen der Sächsischen Akademie der Wissenschaften zu Leipzig. Philologisch-historische Klasse. 60. 3)

Georg Dehio. Handbuch der deutschen Kunstdenkmäler. Der Bezirk Magdeburg. Bearbeitet von der Abteilung Forschung des Instituts für Denkmalpflege. Berlin 1974

Schubert, Dietrich: Von Halberstadt nach Meißen. Bildwerke des 13. Jahrhunderts in Thüringen, Sachsen und Anhalt. Köln 1974

Gosebruch, Martin: Die Aufgaben der Frühgotik in Niedersachsen. In: Norddeutsche Beiträge zur Kunstgeschichte 14. 1975, S. 9–58

Georg Dehio. Handbuch der deutschen Kunstdenkmäler. Der Bezirk Halle. Bearbeitet von der Abteilung Forschung des Instituts für Denkmalpflege. Berlin 1976

Sehrt, Hans-Georg: Zur Stellung und Funktion von Bauherrn (Auftraggeber) und Baumeister im feudalen Mittelalter. Phil. Diss. Halle 1977

Die Zeit der Staufer. Geschichte, Kunst, Kultur. 4 Bände. Ausstellungskatalog. Stuttgart 1977

Gosebruch, Martin: Von der Verschiedenheit der Vorbilder in der sächsischen Kunst der Frühgotik. In: Norddeutsche Beiträge zur Kunstgeschichte 16. 1977, S. 9–26

Sauerländer, Willibald: Spätstaufische Skulpturen in Sachsen und Thüringen. In: Zeitschrift für Kunstgeschichte 41. 1978

Nickel, Heinrich L., Gerd Baier, Gerhard Femmel und Karl Max Kober: Mittelalterliche Wandmalerei in der Deutschen Demokratischen Republik. Leipzig 1980

QUEDLINBURG

Wineken, Johann Kaspar Eberhard: Antiquarische Anmerkungen über ein altes und schätzbares in dem Zittergewölbe der hohen Stiftskirche zu Quedlinburg aufbewahrtes Gefäß. Quedlinburg/Leipzig 1761

Wallmann, Johann Andreas: Abhandlung von den schätzbaren Alterthümern zu Quedlinburg . . . Quedlinburg 1776

Kugler, Franz: Kunstbemerkungen auf einer Reise in Deutschland im Sommer 1832. Quedlinburg. In: Museum 1. 1833, S. 165–166

Kugler, Franz: Kunstbemerkungen. Aus Briefen des Herausgebers. In: Museum 2. 1834, S. 142–144

Ranke, C(arl) F(erdinand) und F(ranz) Kugler: Beschreibung und Geschichte der Schloßkirche zu Quedlinburg und der in ihr vorhandenen Altertümer nebst Nachrichten über die St. Wipertikirche bei Quedlinburg. Die Kirche zu Kloster Gröningen. Die Schloßkirche zu Gernrode. Die Kirchen zu Frose, Drübeck, Huyseburg, Conradsburg etc. Berlin 1838. Auch in: Kugler, Franz: Kleine Schriften und Studien zur Kunstgeschichte. 1. Teil. Stuttgart 1852, S. 540–639

Steuerwaldt, W(ilhelm) und C(arl) Virgin: Die mittelalterlichen Kunstschätze im Zittergewölbe der Schloßkirche zu Quedlinburg. Quedlinburg (1855/56)

Hartmann, Alfred: Die Abteikirche zu Quedlinburg. In: Zeitschrift des Architekten- und Ingenieur-Vereins im Königreich Hannover 7. 1861, Anhang Sp. 193–212

Janicke, Karl: Urkundenbuch der Stadt Quedlinburg. Halle 1873/1882

Mülverstedt, (Georg Adalbert) v.: Über den Kirchenschatz des Stifts Quedlinburg. Nebst einigen Nachrichten von den ehemals in den Stifts- und anderen Kirchen der Stadt befindlich gewesenen Altären und von einem dort her stammenden Italafragment. In: Zeitschrift des Harzvereins 7. 1874, S. 210–263

Beschreibende Darstellung der älteren Bau- und Kunstdenkmäler der Provinz Sachsen und angrenzender Gebiete. Heft 33. Quedlinburg. 1. Teil. Von Adolf Brinkmann. Berlin 1922

Lorenz, Hermann: Schloß und Dom zu Quedlinburg. Quedlinburg 1922. 2. Auflage 1928

Niebelschütz, Ernst v.: Die Stiftskirche zu Quedlinburg. In: Harz 25. 1922, S. 49–52

Schulte, Aloys und Georg Wilhelm Sante: Beiträge zur Baugeschichte der Quedlinburger Stiftskirche. In: Repertorium für Kunstwissenschaft 44. 1924, S. 246–259

Niebelschütz, Ernst v.: Der Schloßberg zu Quedlinburg. In: Heimatkalender für den Harzgau (1). 1924, S. 48–52

Troescher, Georg: Die Gewölbemalereien der Krypta der Schloßkirche in Quedlinburg. In: Sachsen und Anhalt 5. 1929, S. 347–365

Lorenz, Hermann: Die Schicksale des Quedlinburger Domschatzes. In: Sachsen und Anhalt 6. 1930, S. 227–256

Lorenz, Hermann: Der Domschatz zu Quedlinburg. In: Deutsche Goldschmiedezeitung 34. 1931, S. 257–263

Meier, Paul J(onas): Die Kirchen in Quedlinburg. Burg bei Magdeburg 1932 (= Deutsche Bauten. 20)

N(iebelschütz) E(rnst) v.: Meisterwerke der Kunst in Sachsen-Anhalt. 33. Reliquienkästchen Heinrichs I. in Quedlinburg. In: Montagsblatt. Wissenschaftliche Wochenbeilage zur Magdeburgischen Zeitung 75. 1933, S. 269

Sann, K(arl): Sinnbild und Gestalt der Steinmetzkunst im Quedlinburger Dom. Burg bei Magdeburg (1935)

Wilken, Hans: Der Quedlinburger Domschatz. Eine Auswahl seiner bedeutendsten Stücke. In: Kunst- und Antiquitätenrundschau 44. 1936, S. 161–165

Spitzmann, Hans: Heinrichs-Erinnerungen und -Reliquien im Quedlinburger Dom. In: Harz 39. 1936, S. 175–176

N(iebelschütz) E(rnst) v.: Die Kunst im und am Harz. 66. Quedlinburg. Reliquienkasten Ottos I. 11.–13. Jahrhundert. Seitenansicht. In: Montagsblatt. Wissenschaftliche Wochenbeilage zur Magdeburgischen Zeitung 79. 1937, S. 189

N(iebelschütz) E(rnst) v.: Die Kunst im und am Harz. 67. Quedlinburg. Stiftskirche. Reliquienschrein. Anfang 13. Jahrhundert. In: Montagsblatt. Wissenschaftliche Wochenbeilage zur Magdeburgischen Zeitung 79. 1937, S. 197

N(iebelschütz) E(rnst) v.: Die Kunst im und am Harz. 68. Quedlinburg. Stiftskirche. Deckel eines Evangelienbuches. In: Montagsblatt. Wissenschaftliche Wochenbeilage zur Magdeburgischen Zeitung 79. 1937, S. 205

Giesau, Hermann: Die Grabungen auf dem Schloßberg in Quedlinburg. Die geschichtliche Zeit. In: Deutsche Kunst und Denkmalpflege 1939/40, S. 104–115

Meyer, Erich: Die Stiftskirche in Quedlinburg. In: Deutsche Kunst. Herausgegeben von Ludwig Roselius. Romanische Baukunst. Bremen/Berlin (um 1940)

Hohmann, Elisabeth: Ein Quedlinburger Kapitell. In: Deutsche Kunst und Denkmalpflege 1940/41, S. 201–202

Blankenburg, Wera von: Heilige und dämonische Tiere. Die Symbolsprache der deutschen Ornamentik im frühen Mittelalter. Leipzig 1943

Wilke, Heinz: Die Ornamentik im Dom zu Quedlinburg. Untersuchungen über Gestalt und Sinn der Bauornamentik des 10.–12. Jahrhunderts im Harzraum. In: Harzzeitschrift 2. 1950, S. 72–94

Speer, Elisabeth: Quedlinburg. Dresden 1953

Wäscher, Hermann: Die Baugeschichte der Burgen Quedlinburg, Stecklenburg und Lauenburg. Halle 1956

Vorbrodt, Günter W.: Die Stiftskirche zu Quedlinburg. Berlin 1956 (= Das Christliche Denkmal. 37)

Wäscher, Hermann: Der Burgberg in Quedlinburg. Geschichte seiner Bauten bis zum ausgehenden 12. Jahrhundert nach den Ergebnissen der Grabungen von 1938 bis 1942. Berlin 1959

Bellmann, Fritz: Die Krypta der Königin Mathilde in der Stiftskirche zu Quedlinburg. In: Kunst des Mittelalters in Sachsen. Festschrift Wolf Schubert. Weimar 1967, S. 44–59

Klumpp, Katharina: Der Quedlinburger Teppich. Zur Entstehungsgeschichte und Deutung eines sakralen Kunstwerks. Phil. Diss. Halle 1969

Leopold, Gerhard: Die Stiftskirche zu Quedlinburg. Berlin 1970 (= Das Christliche Denkmal. 37)

Quast, (Ferdinand) v.: Die Statue Kaiser Ottos des Großen zu Magdeburg. In: Zeitschrift für christliche Archäologie und Kunst 1. 1856, S. 108–124

Brandt, C. L.: Der Dom zu Magdeburg. Eine Jubelschrift zur Feier seiner 500jährigen Weihe. Magdeburg 1863

Winter, (Franz): Zur Geschichte des Dombaues in Magdeburg. In: Geschichtsblätter für Stadt und Land Magdeburg 1. 1866, S. 32–33

Wiggert, Friedrich: Über die Begräbnisse der Erzbischöfe im Dom zu Magdeburg. In: Geschichtsblätter für Stadt und Land Magdeburg 2. 1867, S. 190–208

Die Magdeburger Schöppenchronik. Bearbeitet von K(arl) Janicke. Leipzig 1869 (= Die Chroniken der deutschen Städte. 8, I)

Regesta Archiepiscopatus Magdeburgensis. 3 Bände. Herausgegeben von G(eorg) A(dalbert) von Mülverstedt. Magdeburg 1876

Die ältesten Lehnbücher der Magdeburgischen Erzbischöfe. Bearbeitet von G(ustav) Hertel. Halle 1883 (= Geschichtsquellen der Provinz Sachsen und angrenzender Gebiete. 16)

Hertel, G(ustav): Die Grabschrift Ottos des Großen. In: Geschichtsblätter für Stadt und Land Magdeburg 24. 1889, S. 369–372

Theuner, E.: Bildwerke des 13. und 14. Jahrhunderts am Dom zu Magdeburg. In: Festschrift zur 25jährigen Jubelfeier des Vereins für Geschichte und Altertumskunde des Herzogtums Magdeburg. Magdeburg 1891, S. 107–117

Hertel, G(ustav): Einige Nachrichten über den Dom in seinem früheren Zustande. In: Geschichtsblätter für Stadt und Land Magdeburg 27. 1892, S. 365–367

Osius, K.: Die Pietà im Magdeburger Dom. In: Zeitschrift für bildende Kunst 28. N. F. 4. 1893, S. 115–116

Hasak, M(ax): Zur Geschichte des Magdeburger Dombaues. In: Zeitschrift für Bauwesen 46. 1896, Sp. 337–362

Ausgrabungen im Dom zu Magdeburg. In: Blätter für Handel, Gewerbe und soziales Leben. Beiblatt zur Magdeburgischen Zeitung 48. 1896, S. 401–411

Heinrichs, R.: Die Aufhebung des Magdeburger Domschatzes durch Administrator Christian Wilhelm von Brandenburg im Jahr 1630. Cleve 1897

Harms: Altes und Neues aus dem Remter und der Marienkapelle hierselbst. In: Blätter für Handel, Gewerbe und soziales Leben. Beiblatt zur Magdeburgischen Zeitung 53. 1901, S. 49–50

Hanftmann, B(artel): Mitteilungen zur Geschichte einiger Einzeldenkmäler des Magdeburger Domes. In: Geschichtsblätter für Stadt und Land Magdeburg 38. 1903, S. 281–320

Peters, (Otto): Das Problem der Osttürme des Magdeburger Doms. In: Montagsblatt. Wissenschaftliche Wochenbeilage zur Magdeburgischen Zeitung 57. 1905, S. 217–219

Eiserhardt, H(ermann): Der Magdeburger Dom und seine Osttürme. In: Montagsblatt. Wissenschaftliche Wochenbeilage zur Magdeburgischen Zeitung 57. 1905, S. 234–235

Peters, (Otto): Nochmals das Problem der Osttürme des Magdeburger Doms. In: Montagsblatt. Wissenschaftliche Wochenbeilage zur Magdeburgischen Zeitung 58. 1906, S. 230–231

Hamann, Richard: Die Kapitelle im Magdeburger Dom. In: Jahrbuch der Königlich Preußischen Kunstsammlungen 30. 1909, S. 56–80, 108–138, 193–218, 236–270

Hamann, Richard: Der Magdeburger Dom. Zur 700jährigen Wiederkehr seines Gründungstages. In: Montagsblatt. Wissenschaftliche Wochenbeilage zur Magdeburgischen Zeitung 61. 1909, S. 73–75, 81–82, 89–91, 97–100, 105–107

Hanftmann, B(artel): Führer durch den Magdeburger Dom. Magdeburg 1909

Rosenfeld, F(elix): Vom Magdeburger Dombau. Zum 700jährigen Jubiläum der Domgründung. In: Geschichtsblätter für Stadt und Land Magdeburg 44. 1909, S. 1–22

Meier, P(aul) J(onas): Neue Veröffentlichungen zur Baugeschichte des Magdeburger Doms. In: Geschichtsblätter für Stadt und Land Magdeburg 44. 1909, S. 298–315

Hamann, Richard und Felix Rosenfeld: Der Magdeburger Dom. Beiträge zur Geschichte und Ästhetik mittelalterlicher Architektur, Ornamentik und Skulptur. Berlin 1910

Schmidt, Paul Ferdinand: Der Dom zu Magdeburg. Ein kurzer Führer durch seine Architektur, Plastik und dekorative Kunst. Magdeburg 1911

Deneke, Günther: Magdeburgische Bildhauer der Hochrenaissance und des Barock. Phil. Diss. Halle 1911

Peters, (Otto): Woher stammen die antiken Säulen im Dom und Kloster U. L. Frauen zu Magdeburg? In: Montagsblatt. Wissenschaftliche Wochenbeilage zur Magdeburgischen Zeitung 63. 1911, S. 91–93

Hasak, M(ax): Vom Magdeburger Dom. Der Baumeister mit den zwei Halbmonden. In: Montagsblatt. Wissenschaftliche Wochenbeilage zur Magdeburgischen Zeitung 64. 1912, S. 241–243

Hasak, Max: Der Baumeister mit den zwei Halbmonden. In: Zeitschrift für christliche Kunst 25. 1912, Sp. 335–342

Peters, (Otto): Sebastian Ertle, ein Magdeburger Bildhauer um 1600, und das Epitaphium von Lossow im Dom. In: Geschichtsblätter für Stadt und Land Magdeburg 49/50. 1914/15, S. 354–370

Haase, Julius: Der Dom zu Magdeburg. Eine deduktive Genese seiner Haupt-Maßverhältnisse. Ing.-Diss. TH Hannover 1917

Greischel, Walter: Magdeburg und Saint-Denis. In: Geschichtsblätter für Stadt und Land Magdeburg 53/54. 1918/19, S. 116–119

Hasak, M(ax): Der schiefe Turm des Magdeburger Domes. In: Zentralblatt der Bauverwaltung 39. 1919, S. 61–62

Oelenheinz, L.: Vom Meister Bohnesack. In: Die Denkmalpflege 22. 1920, S. 73–77, 94–95

Giesau, Hermann: Wer war Meister Bohnensack? In: Kunstchronik und Kunstmarkt 56. N. F. 32. 1920/21, S. 154–157

Paatz, Walter: Studien zur Geschichte der Magdeburger Skulptur des 13. Jahrhunderts. Phil. Diss. Göttingen 1923. Auszug in: Jahrbuch der Philosophischen Fakultät der Georg-August-Universität zu Göttingen 1923, S. 50–52

Kunze, Hans: Der Südturm des Magdeburger Domes und die

Lage der ehemaligen Nikolaikirche. II. Die ehemalige Nikolaikirche. In: Zentralblatt der Bauverwaltung 43. 1923, S. 193–196

Giesau, Hermann: Zur Baugeschichte des Langhauses des Magdeburger Domes. In: Jahrbuch für Kunstwissenschaft 1923, S. 42–53

Giesau, Hermann: Der Dom zu Magdeburg. Burg bei Magdeburg 1924. 2. Auflage 1936 (= Deutsche Bauten. 1)

Dieck, Walter: Der Magdeburger Barockbildhauer Christoph Dehne. Phil. Diss. Halle 1924

Meier, Paul Jonas: Die Baugeschichte des Magdeburger Doms im XIII. Jahrhundert. In: Jahrbuch der Preußischen Kunstsammlungen 45. 1924, S. 1–33

Kunze, Hans: Der gegenwärtige Stand der Erforschung der Baugeschichte des Magdeburger Domes. In: Geschichtsblätter für Stadt und Land Magdeburg 56/59. 1921/24, S. 127–164

Paatz, W(alter): Die Magdeburger Plastik um die Mitte des XIII. Jahrhunderts. In: Jahrbuch der Preußischen Kunstsammlungen 46. 1925, S. 91–120

Jantzen, Hans: Zur Deutung des Kaiser-Otto-Denkmals in Magdeburg. In: Repertorium für Kunstwissenschaft 46. 1925, S. 125–133

Koch, Alfred: Die Ausgrabungen am Dom zu Magdeburg im Jahre 1926. Manuskript mit Plänen, Textskizzen und Abbildungen auf Tafeln. Institut für Denkmalpflege, Arbeitsstelle Halle

Kunze, Hans: Um den Magdeburger Ottonischen Dom. In: Montagsblatt. Wissenschaftliche Wochenbeilage zur Magdeburgischen Zeitung 68. 1926, S. 145–149

Giesau, Hermann: Der augenblickliche Stand der Grabungen. In: Montagsblatt. Wissenschaftliche Wochenbeilage zur Magdeburgischen Zeitung 68. 1926, S. 150

Werveke, L. v(an): Der Untergrund des Magdeburger Domes. In: Montagsblatt. Wissenschaftliche Wochenbeilage zur Magdeburgischen Zeitung 68. 1926, S. 206–208

Koch, Alfred: Die Ausgrabungen am Dom zu Magdeburg im Jahre 1926. Der ottonische Dom. In: Montagsblatt. Wissenschaftliche Wochenbeilage zur Magdeburgischen Zeitung 68. 1926, Sondernummer

Jüsgen: Wichtige Ausgrabungsergebnisse beim Dom zu Magdeburg. In: Denkmalpflege und Heimatschutz 28. 1926, S. 195–197

Kunze, Hans: Zur Geschichte der sechzehneckigen Kapelle im Magdeburger Dom. In: Geschichtsblätter für Stadt und Land Magdeburg 61. 1926, S. 145–153

Giesau, Hermann: Die Krypta des ottonischen Domes in Magdeburg. In: Zeitschrift für Denkmalpflege 1. 1926/27, S. 107–109

Schmidt, Aloys: Der Magdeburger Dombau und die St. Mauritiusbruderschaft. In: Geschichtsblätter für Stadt und Land Magdeburg 62. 1927, S. 100–113

Kunze, Hans: Wen stellt das Kaiserdenkmal auf dem Alten Markt in Magdeburg dar? In: Geschichtsblätter für Stadt und Land Magdeburg 62. 1927, S. 114–124

Giesau, Hermann: Die Sitzfiguren Kaiser Ottos I. und Edithas im Magdeburger Dom. In: Montagsblatt. Wissenschaftliche Wochenbeilage zur Magdeburgischen Zeitung 69. 1927, S. 297–300

Giesau, Hermann: Der Chor des Domes zu Magdeburg, die Herkunft seines Planes und seine stilistischen Voraussetzungen. In: Sachsen und Anhalt 4. 1928, S. 291–347

Greischel, Walter: Der Magdeburger Dom. Berlin 1929

Kunze, Hans: Die beiden Schäferfiguren am Dome zu Magdeburg. In: Montagsblatt. Wissenschaftliche Wochenbeilage zur Magdeburgischen Zeitung 71. 1929, S. 33–35

Eiserhardt, Hermann: Der ottonische Dom in Magdeburg. Meinungen über Standort und Bauart. In: Montagsblatt. Wissenschaftliche Wochenbeilage zur Magdeburgischen Zeitung 71. 1929, S. 189–190

Kunze, Hans: Über den ottonischen Dom in Magdeburg. Eine Erwiderung. In: Montagsblatt. Wissenschaftliche Wochenbeilage zur Magdeburgischen Zeitung 71. 1929, S. 337–340

Kunze, Hans: Der Dom Ottos des Großen in Magdeburg. In: Geschichtsblätter für Stadt und Land Magdeburg 65. 1930, S. 1–72

Burger, Lilli: Die ursprüngliche Aufstellung der Magdeburger Klugen und Törichten Jungfrauen. In: Jahrbuch für Kunstwissenschaft 1930, S. 1–13

Greischel, Walter: Das Standbild einer gekrönten Frau im Magdeburger Dom. In: Jahrbuch der Denkmalpflege in der Provinz Sachsen und in Anhalt 1931, S. 25–27

Koch, Alfred: Die Ausgrabungen am Dom zu Magdeburg. Eine Erwiderung. In: Geschichtsblätter für Stadt und Land Magdeburg 66/67. 1931/32, S. 167–172

Kunze, Hans: Schlußwort. In: Geschichtsblätter für Stadt und Land Magdeburg 66/67. 1931/32, S. 173–182

Niebelschütz, E(rnst) v.: Neues vom Magdeburger Dom. In: Die Denkmalpflege 1932, S. 45–47

Bier, Justus: Ein Magdeburger Riemenschneiderschüler. In: Montagsblatt. Wissenschaftliche Wochenbeilage zur Magdeburgischen Zeitung 75. 1933, S. 163–165

Koch, Walther: Das mittelalterliche Domgestühl zu Magdeburg. Phil. Diss. Leipzig 1936

Urkundenbuch des Erzstifts Magdeburg. Teil 1 (937 bis 1192). Bearbeitet von Fr. Israel und W. Möllenberg. Magdeburg 1937 (= Geschichtsquellen der Provinz Sachsen und angrenzender Gebiete. Neue Reihe. 18)

Burger, Lilli: Die apokalyptische Maria in dem unvollendet gebliebenen Zyklus des Magdeburger Domportals. In: Zeitschrift des Deutschen Vereins für Kunstwissenschaft 4. 1937, S. 16–24

Greischel, Walter: Der Magdeburger Dom, Berlin/Zürich 1939 (= Veröffentlichungen der Museums-Gesellschaft in Magdeburg)

Meier, P(aul) J(onas): Der Bau des Magdeburger Doms seit 1274. In: Sachsen und Anhalt 15. 1939, S. 323–343

Hartig, Otto: Der Magdeburger Reiter und Konstantin der Große. In: Montagsblatt. Wissenschaftliche Wochenbeilage zur Magdeburgischen Zeitung 82. 1940, S. 29–30

Hartig, Otto: Die Reiter von Bamberg und Magdeburg als Konstantinreiter. In: Forschungen und Fortschritte 16. 1940, S. 282–284

Koch, Alfred: Der Dom Ottos I. in Magdeburg. Wiederherstellungsversuch nach Grabungsergebnissen. In: Zentralblatt der Bauverwaltung 61. 1941, S. 168–172

Schubart-Fikentscher, Gertrud: Die Ausbreitung der deutschen Stadtrechte in Osteuropa. 1942 (= Forschungen zum deutschen Recht. 4, 3)

Fliedner, Siegfried: Studien über die ehemalige Brautpforte und das erste (geplante) Gewändestatuenportal des Magdeburger Doms nebst einem Exkurs über das Südportal des Straßburger Münsters. In: Sachsen und Anhalt 17. 1941/43, S. 85–128

Rörig, Fritz: Magdeburgs Entstehung und die ältere Handelsgeschichte. Berlin 1952 (= Deutsche Akademie der Wissenschaften zu Berlin. Vorträge und Schriften. 49)

Mrusek, Hans-Joachim: Beiträge zur Geschichte der städtebaulichen Entwicklung Magdeburgs im hohen Mittelalter. Phil. Diss. Halle 1953

Einem, Herbert von: Zur Deutung des Magdeburger Reiters. In: Zeitschrift für Kunstgeschichte 16. 1953, S. 43–56

Behling, Lottlisa: Die klugen und törichten Jungfrauen zu Magdeburg. Nachträge und Ergänzungen zur Erforschung der Magdeburger Skulpturen. In: Zeitschrift für Kunstwissenschaft 8. 1954, S. 19–42

Koch, Alfred: Die Rundkirche (Ecclesia Rotunda) am alten Dom zu Magdeburg. In: Münster 8. 1955, S. 12–13

Jahn, Johannes: Der Magdeburger Dom. Ein großartiges Denkmal deutscher Baukunst. In: Bildende Kunst (3). 1955, S. 344–348

Mrusek, Hans-Joachim: Zur städtebaulichen Entwicklung Magdeburgs im hohen Mittelalter. In: Wissenschaftliche Zeitschrift der Martin-Luther-Universität Halle-Wittenberg. Gesellschafts- und Sprachwissenschaftliche Reihe 5. 1955/56, S. 1219–1314

Mrusek, Hans-Joachim: Bautechnische Einzelheiten in der mittelalterlichen Profanbaukunst. Beitrag zur städtebaulichen Entwicklung Magdeburgs im hohen Mittelalter. In: Wissenschaftliche Zeitschrift der Martin-Luther-Universität Halle-Wittenberg. Gesellschafts- und Sprachwissenschaftliche Reihe 6. 1956/57, S. 641–672

Burghardt, Werner: Der Magdeburger Reiter – Zeuge deutscher Kultur. In: Mitteldeutsches Land 1. 1957, S. 37–44

Mrusek, Hans-Joachim: Magdeburg. Leipzig 1959. 2. Auflage 1966

Möbius, Helga: Der Dom zu Magdeburg. Berlin 1961 (= Das Christliche Denkmal. 50/51)

Scharfe, Siegfried: Der Magdeburger Dom. Königstein im Taunus 1962

Schwineköper, Berent: Zur Deutung der Magdeburger Reitersäule. In: Festschrift Percy Ernst Schramm. 1964, Band I, S. 117–142

Nickel, Ernst: Vorottonische Befestigungen und Siedlungsspuren auf dem Domplatz in Magdeburg. Vorbericht. In: Prähistorische Zeitschrift 43/44. 1965/66, S. 237–278

Ullmann, Wolfgang: Magdeburg, das Konstantinopel des Nordens. Aspekte von Kaiser- und Papstpolitik bei der Gründung des Magdeburger Erzbistums 968. In: Jahrbuch für die Geschichte Mittel- und Ostdeutschlands 21. 1972

Nickel, Ernst: Magdeburg in karolingisch-ottonischer Zeit. In: Zeitschrift für Archäologie 7. 1973, S. 102–142

Schubert, Ernst: Der Magdeburger Dom. Aufnahmen von Klaus G(ünter) Beyer. Berlin 1974

HALBERSTADT

Haber, Conrad Matthias: Kurtz gefaßte, aber doch gründliche Nachricht von der hohen Stifts-Kirchen oder sogenannten Dom-Kirchen zu Halberstadt und deroselben Merckwürdigkeiten . . . Halberstat 1739

Lucanus, F(riedrich) G. H.: Der Dom zu Halberstadt, seine Geschichte, Architectur, Alterthümer und Kunstschätze. Halberstadt/Berlin 1837

Elis, C(arl): Der Dom zu Halberstadt. Historisch-archäologische Beschreibung. Halberstadt 1857

Der Reliquienfund im Altar des Domes zu Halberstadt. In: Blätter für Handel, Gewerbe und soziales Leben. Beiblatt zur Magdeburgischen Zeitung 17. 1865, S. 20

Grote, J.: Die ehemalige Krypta im Dome zu Halberstadt. In: Zeitschrift des Harzvereins 3. 1870, S. 393–398

Elis, C(arl): Der Dom zu Halberstadt. Baugeschichtliche Studie. In: Wochenblatt für Architekten und Ingenieure 4. 1882, S. 458–460, 468–469, 518–521, 530, 537–538; 5. 1883, S. 77–79, 85–87, 130–132, 140–141

Redtenbacher, Rudolf: Baugeschichtliche Notizen und Studien. II. Über einige Beziehungen zwischen den Domen von Halberstadt, Regensburg und Prag. In: Deutsche Bauzeitung 17. 1883, S. 569–571

Urkundenbuch des Hochstifts Halberstadt und seiner Bischöfe. Herausgegeben von Gustav Schmidt. 4 Bände. Leipzig 1883–89

Schmidt, Gustav: Baurechnung des Halberstädter Doms von 1367. Halberstadt 1889 (= Programm des Königlichen Dom-Gymnasiums zu Halberstadt. Ostern 1888–1889)

Hermes, E.: Der Dom zu Halberstadt, seine Geschichte und seine Schätze. Festschrift zum 18. September 1896. Halberstadt 1896

Augustin, Christ(ian Friedrich) Bernh(ard): Das Diptychon consulare in der Domkirche zu Halberstadt. In: Neue Mitteilungen aus dem Gebiet historisch-antiquarischer Forschungen 7. 1843/46, S. 60–85

Bock, Franz: Aus dem Domschatze zu Halberstadt. In: Mitteilungen der K. K. Central-Commission zur Erforschung und Erhaltung der Baudenkmale 15. 1870, S. XXII–XXIII

Beschreibende Darstellung der älteren Bau- und Kunstdenkmäler der Provinz Sachsen und angrenzender Gebiete. Heft 23. Die Kreise Halberstadt Land und Stadt. Bearbeitet von Oskar Döring. Halle 1902

Klinka, Paul: Zwei Reliquienschreine und ihre alte Bemalung. In: Die Denkmalpflege 10. 1908, S. 3–5

Giesau, Hermann: Die geplante Vorhalle des Domes zu Halberstadt. In: Jahrbuch der Denkmalpflege in der Provinz Sachsen 1911, S. 48–54

Wolters, Alfred: Beiträge zur Geschichte der Skulptur im Halberstädter Dom. Phil. Diss. Halle 1911

Mötefindt, Hugo: Das Diptychon consulare im Domschatz zu

Halberstadt. In: Abhandlungen und Berichte aus dem Museum für Natur- und Heimatkunde und dem naturwissenschaftlichen Verein in Magdeburg 3. 1915/24, S. 51–96

Volbach, Wolfgang Fritz: Elfenbeinarbeiten der Spätantike und des frühen Mittelalters. Mainz 1916. 2. Auflage 1952

Hoffmeister, Curt: Gemeinverständlicher Führer durch den Dom zu Halberstadt mit einem Anhang über die Liebfrauenkirche. Halberstadt (1920)

Hasak, (Max): Die Entstehungszeit der Westseite des Halberstädter Domes. In: Zentralblatt der Bauverwaltung 41. 1921, S. 443–444

Marchand, Hildegard: Die Plastik des Halberstädter Doms im fünfzehnten Jahrhundert mit besonderer Berücksichtigung der Übergangszeit von 1430–60. Phil. Diss. Leipzig 1924

Marchand, Hildegard: Die Plastik des Halberstädter Doms im XV. Jahrhundert. In: Zeitschrift für bildende Kunst 59. N. F. 35. 1925/26, S. 310–318

Doering, Oscar: Die Kirchen von Halberstadt. Augsburg/Köln/Wien 1927 (=Deutsche Kunstführer. 10)

Becker, Luise: Die Bilderteppiche des Halberstädter Domes. In: Daheim 64. 1928, Nr. 46, S. 13–15

Giesau, Hermann: Der Dom zu Halberstadt. Burg bei Magdeburg 1929 (= Deutsche Bauten. 16)

Becker, Marie Luise: Die Stoffschätze des Domes von Halberstadt. In: Belvedere 8. 1929, S. 424–430

Diestelkamp, Adolf: Geschichte der Dombaubrüderschaft St. Stephani in Halberstadt. In: Sachsen und Anhalt 5. 1929, S. 220–265

Diestelkamp, Adolf: Ein Inventar des Halberstädter Domes aus dem Jahre 1465. In: Zeitschrift des Vereins für Kirchengeschichte der Provinz Sachsen und des Freistaates Anhalt 25. 1929, S. 81–88

Schwab, H(ermann): Die Madonna mit der Korallenkette im Halberstädter Dom. Zur Instandsetzung des Gemäldes. In: Der Brocken 2. 1930, S. 153

Haetge, Ernst: Zwei spätgotische Bilder aus dem Halberstädter Domschatz. In: Jahrbuch der Denkmalpflege in der Provinz Sachsen und in Anhalt 1931, S. 47

N(iebelschütz), E(rnst) v.: Meisterwerke der Kunst in Sachsen-Anhalt. 23. Der Karlsteppich im Dome zu Halberstadt. In: Montagsblatt. Wissenschaftliche Wochenbeilage zur Magdeburgischen Zeitung 75. 1933, S. 189

N(iebelschütz), E(rnst) v.: Meisterwerke der Kunst in Sachsen-Anhalt. 44. Altarvorhang in Halberstadt. Ende 12. Jahrhundert. In: Montagsblatt. Wissenschaftliche Wochenbeilage zur Magdeburgischen Zeitung 75. 1933, S. 380

Kloos, Werner: Die Erfurter Tafelmalerei von 1350 bis 1470. Ein Beitrag zur Kunstgeschichte Mitteldeutschlands. Berlin 1935 (= Forschungen zur Deutschen Kunstgeschichte. 13)

Dölger, Franz: Die zwei byzantinischen «Fahnen» im Halberstädter Domschatz. In: Aus der Geisteswelt des Mittelalters. Studien und Texte. Martin Grabmann … gewidmet. Münster in Westfalen 1935, 2. Halbband, S. 1351–1360

Stange, Alfred: Der Halberstädter Schrank. In: Jahrbuch der Denkmalpflege in der Provinz Sachsen und in Anhalt 1935/36, S. 36–42

Meyer, Erich: Das Dommuseum Halberstadt. Halberstadt 1936. 2. Auflage 1938

M(eier), B(urkhard): Das Dommuseum in Halberstadt. In: Deutsche Kunst und Denkmalpflege 1936, S. 127–128

Dommuseum Halberstadt. In: Weltkunst 10. 1936, Nr. 6, S. 6

Falke, Otto v.: Der Halberstädter Domschatz. In: Pantheon 18. 1936, S. 265–269

Tornau, O(tto): Unbekannte Halberstädter Münzen im Domschatz zu Halberstadt. In: Blätter für Münzfreunde 71. 1936, S. 467–468

N(iebelschütz), E(rnst) v.: Die Kunst im und am Harz. 30. Halberstadt. Der alte Kapitelsaal. Mitte 12. Jahrhundert. In: Montagsblatt. Wissenschaftliche Wochenbeilage zur Magdeburgischen Zeitung 78. 1936, S. 293

N(iebelschütz), E(rnst) v.: Die Kunst im und am Harz. 37. Halberstadt. Der Apostelteppich im Chor des Domes. Um 1150. In: Montagsblatt. Wissenschaftliche Wochenbeilage zur Magdeburgischen Zeitung 78. 1936, S. 365

N(iebelschütz), E(rnst) v.: Die Kunst im und am Harz. 38. Halberstadt. Der Engelsteppich im Chor des Domes. Um 1120. In: Montagsblatt. Wissenschaftliche Wochenbeilage zur Magdeburgischen Zeitung 78. 1936, S. 373

N(iebelschütz), E(rnst) v.: Die Kunst im und am Harz. 40. Das Halberstädter Dommuseum: Neuer Kapitelsaal. Anfang 16. Jahrhundert. In: Montagsblatt. Wissenschaftliche Wochenbeilage zur Magdeburgischen Zeitung 78. 1936, S. 389

N(iebelschütz), E(rnst) v.: Die Kunst im und am Harz. 41. Das Halberstädter Dommuseum. Byzantinische Weihbrotschale. In: Montagsblatt. Wissenschaftliche Wochenbeilage zur Magdeburgischen Zeitung 78. 1936, S. 397

N(iebelschütz), E(rnst) v.: Die Kunst im und am Harz. 42. Das Halberstädter Dommuseum. Aus der Schatzkammer. In: Montagsblatt. Wissenschaftliche Wochenbeilage zur Magdeburgischen Zeitung 78. 1936, S. 405

N(iebelschütz), E(rnst) v.: Die Kunst im und am Harz. 43. Das Halberstädter Dommuseum. Französische Tragaltärchen (Mitte 14. Jahrhundert). In: Montagsblatt. Wissenschaftliche Wochenbeilage zur Magdeburgischen Zeitung 78. 1936, S. 413

N(iebelschütz), E(rnst) v.: Die Kunst im und am Harz. 44. Das Halberstädter Dommuseum. Zwei Reliquienbehälter. In: Montagsblatt. Wissenschaftliche Wochenbeilage zur Magdeburgischen Zeitung 79. 1937, S. 13

N(iebelschütz), E(rnst) v.: Die Kunst im und am Harz. 45. Das Halberstädter Dommuseum. Aus der Stickereisammlung. In: Montagsblatt. Wissenschaftliche Wochenbeilage zur Magdeburgischen Zeitung 79. 1937, S. 21

N(iebelschütz), E(rnst) v.: Die Kunst im und am Harz. 46. Das Halberstädter Dommuseum. Byzantinische Fahne. In: Montagsblatt. Wissenschaftliche Wochenbeilage zur Magdeburgischen Zeitung 79. 1937, S. 29

N(iebelschütz), E(rnst) v.: Die Kunst im und am Harz. 47. Das Halberstädter Dommuseum. Specksteinrelief und Reliquienschrank. In: Montagsblatt. Wissenschaftliche Wochenbeilage zur Magdeburgischen Zeitung 79. 1937, S. 37

Giesau, Hermann: Der Dom zu Halberstadt. In: Deutsche

Kunst. Herausgegeben von Ludwig Roselius. Gotische Baukunst. Bremen/Berlin (um 1940)

Meyer, Erich: Zwei romanische Wirkteppiche im Dom zu Halberstadt. Niedersachsen, 12. Jahrhundert. In: Deutsche Kunst. Herausgegeben von Ludwig Roselius. Kunsthandwerk. Bremen/Berlin (um 1940)

Schmidt, Robert: Der Halberstädter Schrank. Um 1210. In: Deutsche Kunst. Herausgegeben von Ludwig Roselius. Kunsthandwerk. Bremen/Berlin (um 1940)

Sänger, Walter: Der deutsche Dom zu Halberstadt. Weimar 1942

Niebelschütz, Ernst v.: Der Dom zu Halberstadt. Berlin 1944 (= Führer zu großen Baudenkmälern. 35)

Bellmann, Friedrich: Ein romanischer Knüpfteppich mit Tugenden und Philosophen. In: Schülerfestschrift Jantzen zum 24. April 1951. 1. Band. Kunsthistorisches Institut der Universität München 1951

Trost, Heinrich: Der frühgotische Dom zu Halberstadt. Phil. Dipl.-Arbeit Berlin 1952

Nickel, Ernst: Die Südbefestigung der Domburg Halberstadt. In: Jahresschrift für mitteldeutsche Vorgeschichte 38. 1954

Frenzel, Reiner: Vorarbeiten zu einer Baugeschichte des Halberstädter Domes. Phil. Dipl.-Arbeit Leipzig 1958

Feist, Peter H.: Der Domschatz zu Halberstadt. In: Bildende Kunst (8). 1960, S. 153–157

Hinz, Paulus: Gegenwärtige Vergangenheit. Dom und Domschatz zu Halberstadt. Berlin 1962. 5. Auflage 1971

Flemming, Johanna, Edgar Lehmann und Ernst Schubert: Dom und Domschatz zu Halberstadt. Aufnahmen von Klaus G(ünter) Beyer. Berlin 1973. 2. Auflage 1976

Für wichtige Hinweise und für Beratung dankt der Verfasser den Herren Superintendenten Paulus Hinz, Halberstadt, Bibliothekar Gerhard Lange, Magdeburg, Prof. Dr. sc. phil. Hans-Joachim Bartmuß, Halle, und zahlreichen anderen Kollegen. Besonderer Dank gilt meinen Mitarbeitern beim Zustandekommen des Buches, insbesondere Fräulein Dr. phil. Sibylle Harksen für die Aufstellung der Bibliographie und Frau Dr. phil. Gerda Weber-Westhoff für Korrekturarbeiten sowie Fräulein Gertrud Mintz und Frau Marie Kuddat für unermüdliche technische Mithilfe. Den verschiedenen Museen danke ich für die Bereitstellung der verschiedenen Exponate. Herrn Heinz Kühnel, der die Grundrisse und Pläne nach Vorlagen des Verfassers zeichnete, sei ebenfalls gedankt. Besonderer Dank für fachliche Beratung beim Zustandekommen der 2. Auflage gilt den Kollegen Dr. sc. Ernst Schubert und Dr. sc. Manfred Lemmer sowie für technische Mithilfe und Korrekturen Jürgen Scharfe.

Für die vom Verfasser entworfenen und mit Bauabschnitten versehenen Zeichnungen wurden folgende Unterlagen benutzt: Abb. S. 192 Domplan, 1:200. Archiv Institut für Denkmalpflege, Halle; Abb. S. 194 u. 195 Längs- und Querschnitt von Alfred Koch (1924) Archiv Institut für Denkmalpflege, Halle; Abb. S. 70–73 aus Hermann Wäscher: Der Burgberg zu Quedlinburg, 1959. Abb. 20, 45, 62, 123, 217, 219; Abb. S. 207 aus BDK-Halberstadt Land und Stadt, 1902, Taf. VII; Abb. S. 208 nach Elis (aus Hermann Giesau: Der Dom zu Halberstadt, 1929, S. 29); Abb. S. 209 nach altem Stich, Museum Halberstadt.